孫社長の締め切りをすべて守った

最速！プロマネ仕事術

三木雄信

PHP

はじめに

孫社長からの〝むちゃぶり〟を必死でクリアする中で身につけた仕事術

「十月十二日にナスダック・ジャパンの設立総会をやるぞ。ベンチャー起業家を二〇〇〇人集めて、テレビカメラを入れて大々的に報道させるんだ！」

「ADSL事業に参入するぞ。六月十九日に全国から予約申し込みを受け付けると発表して、一気に一〇〇万人のユーザーを獲得する！」

もしもあなたが突然、上司からこんな指示を受けたらどうしますか？

しかも相手は、あのソフトバンクグループの孫正義社長だとしたら、どうでしょうか。

私の場合、これは〝もしも〟の話ではありませんでした。

二十五歳でソフトバンクに転職した私は、孫社長のすぐそばで様々なプロジェクトに携《たずさ》わることになったからです。

ソフトバンクは「発表経営」だとよく言われます。新規事業の開始や他社との提携・買収などをマスコミの前で大々的に発表し、常に世間の注目を集めてきたからです。新たな商品やサービスの認知度を一気に上げるうえで、そうしたやり方が非常に効果的だったことは間違いありません。

とはいえ、大変なのは周囲の人間です。**孫社長が指定する期日は、いつも最短最速**でした。どう考えても、「とても間に合いません」と言いたくなるような締め切りを決めて、「この日までにやる！」と宣言してしまうのです。

会社のトップが公に発表した以上、新サービスのリリースだろうと、ジョイントベンチャーの設立だろうと、その日時までにやるしかありません。

そして、孫社長からふってくる新しいプロジェクトのマネジメント（プロマネ）を任されたのが、社長室長の私でした。

社長室長というと、さぞ偉い立場のように聞こえるかもしれませんが、要は「孫社長から飛んでくるあらゆるお題を迅速《じんそく》に処理する〝何でも屋〟」みたいなポジションです。

しかも当時のソフトバンクは今ほど大きな会社ではなく、人手や予算などのリソースにも限りがありました。

プロジェクト・マネジャーを拝命したと言っても、専任は私一人で、あとは通常業務があるメンバーに頼み込んで助けてもらうしかないこともしょっちゅうでした。

しかも、**私にオフィシャルな権限はありません**。

メンバーにはそれぞれ所属する部門の上司がいて、人事権はその上司にあります。私が勝手に人を使うわけにもいきません。

そんなわけで、プロジェクト・マネジメントを始めた頃は、当然ながら失敗の連続でした。不安やストレスで眠れない夜が続いたこともあります。

それでも、ナスダック・ジャパンの創設、日本債券信用銀行（現・あおぞら銀行）の買収、ADSL事業「Yahoo!BB」の立ち上げなど、いくつものビッグ・プロジェクトでマネジャーを務め、孫社長からの〝むちゃぶり〟をクリアすることができました。

この経験を通して身につけた、**最短最速でゴールに到達するためのプロジェクト・マネジメント術**、略して「『プロマネ』仕事術」を紹介するのが本書です。

現場のプレーヤーにも、「プロマネ的な役割」が求められる時代

「だったら自分には関係ないな。プロジェクトのメンバーになることはあっても、マネジメントする立場になることはまずないだろうから」

そう思ってこの本を閉じようとした人、ちょっと待ってください！

このプロマネ仕事術は、何も特別なプロジェクトの時にだけ必要なスキルではありません。

多くのビジネスパーソンにとって、通常の仕事においても必要なスキルなのです。

詳しくは第1章で述べますが、今やあらゆる仕事がプロジェクト化しています。

上司に頼まれて資料を作ることも、営業活動をすることも、ウェブサイトをリニューアルすることも、**すべてが「プロジェクト的な仕事」になっている**のです。

「〇〇プロジェクト」と名がつくものでなくても、実は日常的にプロジェクトを回している。

そんな時代がやってきています。

「プロジェクト」というと、システム開発や建設現場など特定の業界だけで使う言葉のように思うかもしれませんが、そんなことはありません。

■誰もが「プロマネ」になる時代

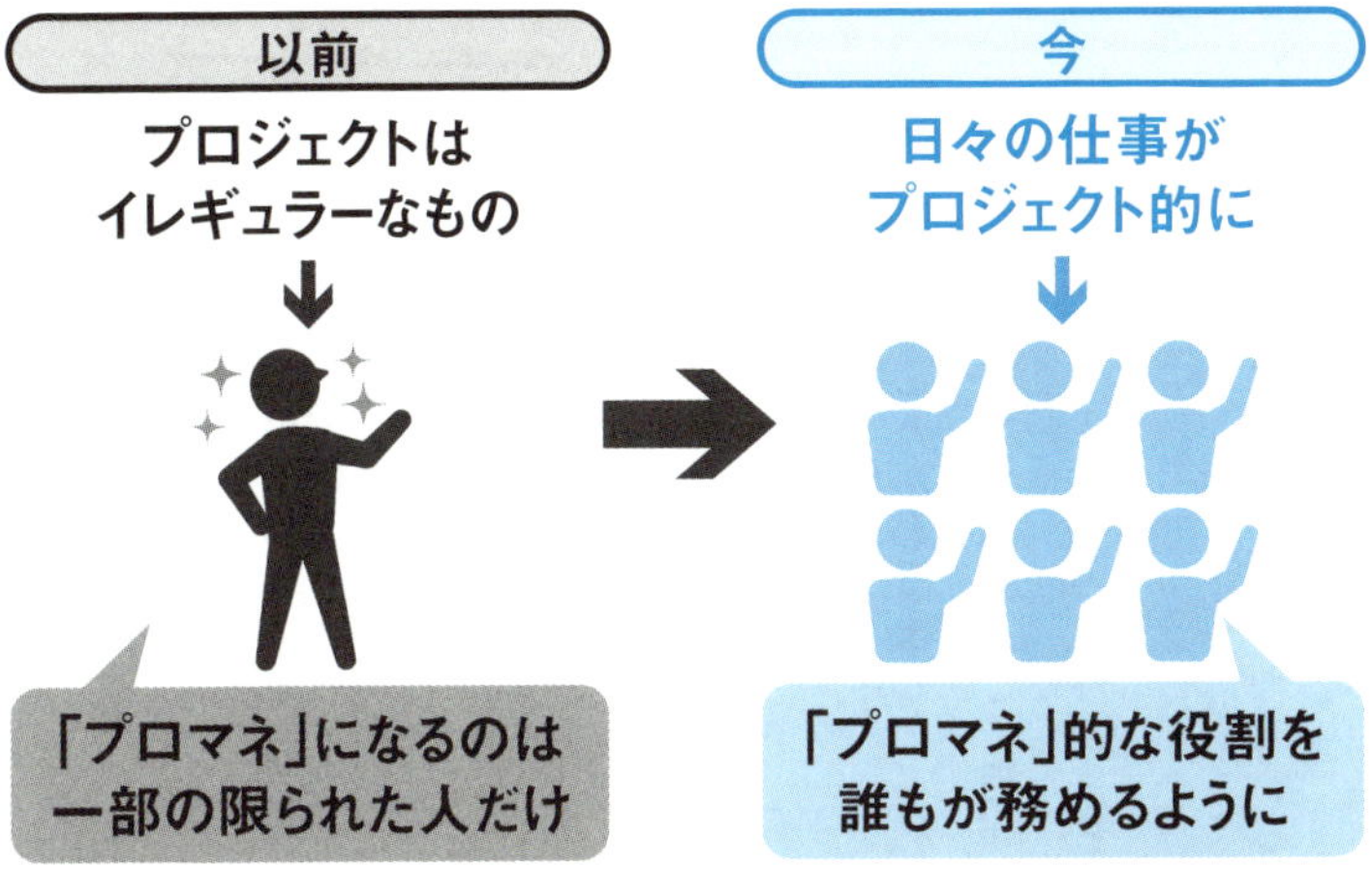

様々な立場の人が集まってチームを組み、一つの目的を設定して、**「品質＝どんなアウトプットを出すか」「納期＝いつまでにやるか」「コスト＝どれくらいの予算や人員をかけられるか」**の三つの要素が揃えば、それはどんな種類の仕事でも「プロジェクト」になります。

そして、期待された品質や納期を達成できるよう、限られたコストをやりくりしながら、目的を達成するのが「プロジェクト・マネジメント」です。

いかがでしょうか。

チームをまとめる立場にあるマネジャーや管理職の方たちは、「まさに自分が普段やっている仕事だ」と思ったのではないでしょうか。

あるいは現場のプレーヤーであっても、このような仕事を担《にな》っている人は決して少なくないはずです。

かつては若手社員の仕事といえば、雑巾がけと言われるように、上司や先輩について補助的な仕事をすることが多かったと思います。

しかし今は人手不足ということもあり、すぐに一人前の戦力になることが期待されます。クライアントと自社の関係部門の間に入って調整し、タイトな納期を守れるようにスケジュール管理をしながら案件を進めていく。若手であっても、こうした仕事を任されている人はいくらでもいるはずです。

プロマネのスキルがないと、仕事もプライベートも不幸になる

最近も、こんなことがありました。私の大学のゼミの後輩で、大手ＩＴ企業の子会社に勤める二十代半ばの男性が、私のもとに相談にやってきたのです。

彼はクライアントと社内・社外のＳＥの間に入って、仕様書や見積書の作成を担当しているとのことでした。

まだ入社して数年ですが、やっていることはまさにプロマネです。

ところが、膨大な業務量をさばききれず、スケジュール管理もうまくいかないため、連日夜

■「プロマネ」能力がある人、ない人

×「プロマネ」能力がないと

- × 連日残業続きで心身ともに疲労困憊《こんぱい》
- × 仕事相手や家族にも迷惑がかかる
- × 仕事もプライベートもうまくいかない

○「プロマネ」能力があれば

- ○ 残業が少なく、プライベートも充実
- ○ AI時代でも仕事に困ることはない
- ○ やりたいことを次々と実現できる

遅くまで残業続き。それだけ頑張っても締め切りを守れず、上司やクライアントからの評価も下がる一方です。

いつもギリギリの進行で多大なプレッシャーに押し潰《つぶ》されそうな上、週末も持ち帰った仕事をすることが多く、ゆっくり休息をとる暇も友人と遊びに行く余裕もありません。

たまに休みが取れても、週明けからの仕事が頭から離れず、気持ちが休まる時がないと言います。

仕事がうまくいかないばかりか、プライベートまでどんどん不幸になっているのは明らかです。

しかも、**不幸になるのは自分だけではありません。**

自分の仕事が遅れれば、一緒に仕事をしている同僚や協力会社のメンバーにも迷惑がかかります。周囲の人にまで残業や休日出勤を強《し》いることがあれば、たちまち信頼を失い、誰も協力してくれなくなって、ますます窮地《きゅうち》に陥ることになります。

その後輩の表情は、「このままではメンタルダウン間違いなし」といった様子でした。

このまま休職することにでもなれば、彼の人生やキャリアにとってマイナスになります。

もしかしたら、この後輩と同じような思いをしている人が、日本中にたくさんいるかもしれません。そして、誰もがそんな状況から抜け出したいと望んでいるはずです。

だからこそ、新入社員だろうと若手だろうと、もちろん管理職や役員クラスであろうと、誰もがプロジェクト・マネジメントのスキルを身につける必要があるのです。

「チームで取り組む仕事」を効率化する方法

ところが、**プロマネのスキルや仕事のやり方について、会社が教えてくれることはまずありません**。

また、個人の仕事を効率化するための指南書は世の中に多数出回っていますが、「複数の人が関わる仕事を、限られた予算・人員の中で回しながら、タスクごとの納期を守って、いかに最速でゴールに到達するか」という「プロマネ仕事術」に特化して書かれた本は、私が知る限りではほとんどありません。

そこで本書では、プロジェクト・マネジメントの基本から現場での実践法まで、わかりやすく解説します。

しかも「この手順で、こう動く」という具体的なアクションに落とし込み、誰もが明日からすぐ真似できることに徹底してこだわった内容になっています（この点は、前著『孫社長にたたきこまれたすごい「数値化」仕事術』と同じです）。

第1章では、プロマネ仕事術がなぜすべてのビジネスパーソンにとって必須のスキルなのかを解説します。これを読めば、今後やってくるＡＩ時代にこそ、プロマネスキルが求められる理由がわかります。

第2章では、プロジェクトの**「立ち上げ」**段階でやるべきことを説明します。後のプロセスで余計な手戻りを発生させないためには、このステップが非常に重要です。

第3章では、プロジェクトの**「プランニング」**段階について説明します。最短最速でゴールに到達するには、ここでのタスク出しとスケジューリングがカギとなります。

第4章では、プロジェクトの**「実行」**段階を円滑に進める技術を紹介します。進捗《しんちょく》管理のコツをつかみ、会議をうまく活用すれば、納期を余裕で守ることができます。

第5章では、**実際の現場でプロマネが抱えがちなよくある悩み**に答えます。どんな場面でも、必ず問題を解決する方法はあるので安心してください。

第6章では、プロマネ仕事術の総仕上げとして、**孫社長がいかに新規事業を立ち上げ、成功へ導いてきたか**を事例と共に解説します。

プロマネ人材が少ないからこそ、自分の価値を高めるチャンス

現在の日本で「プロマネ仕事術」を実践できる人は、圧倒的に少ないのが現状です。

でも裏を返せば、それはチャンスでもあります。

いち早くその技術を身につければ、これからの時代に組織から必要とされる人材になれるからです。

実際に、私がソフトバンクから独立した後、次々と「プロマネをお願いしたい」「プロマネのノウハウをうちの社員に教育してほしい」といった依頼が舞い込みました。

当時はまだソフトバンクの知名度も世間的な評価も低かったにもかかわらず、私のもとにこうしたオファーが殺到したということは、それだけ日本社会でプロジェクト・マネジメントのスキルや経験を持つ人材が少ないということでしょう。

そして今でも、この状況は変わっていません。

今後は多くの仕事がＡＩに置き換わると予測されますが、プロマネのスキルは人間にしか身につけることができないものです。来たる**〝ＡＩ時代〟を生き抜いていく上でも、プロジェクト・マネジメントのスキルや経験は強力な武器になる**のです。

また、あなたが実現したい夢や目標があっても、そのほとんどが一人では実現できません。

でも、プロジェクト・マネジメントのスキルを身につければ、他の人たちの協力を得て、物事をスピーディーに実現できるようになります。

一人でコツコツと取り組むより、チームを組んでそれぞれが自分の個性や強みを発揮しながら目標に向かって進むほうが、それを**実現するスピードは何倍、何十倍にも加速する**はずです。

実際に私自身、二〇一五年に「一年で本当に英語でビジネス交渉が可能になる」英語学習サポートプログラム事業「TORAIZ（トライズ）」をゼロから立ち上げ、そこからわずか三年で学習拠点となるセンターは東京・神奈川・大阪に計九ヶ所を構えるまでに規模を拡大し、受講中の生徒も現在約一五〇〇人近くにまで急成長しました。

「プロマネ」仕事術を実践し、残業ほぼゼロを実現

プロジェクト・マネジメントのスキルを身につけた人は少ないと言いましたが、かといって特別な能力がないとこのスキルを習得できないわけではありません。

単純にこれまで教えてもらう機会がなかっただけで、誰もがやろうと思えばすぐに実践できることばかりです。

実際、本書で紹介した内容を、自分の会社のセンターのコンサルタントに伝えて実践してもらった結果、会社として**高い成果を上げながら、「残業ほぼゼロ」（正確には、月平均約四時間）を実現**することができました。

私のもとに相談に訪れた先ほどの後輩も、私が伝授したプロマネ仕事術を実践したところ、残業地獄からすぐに脱して、さらにスピード出世まで果たしてしまいました。

残業や休日出勤が減ったおかげで、趣味を楽しんだり、友達と過ごす時間も増えて、仕事以外の時間も充実するようになったと、嬉しそうに話してくれました。

その表情は、私のもとへ相談に訪れた時と同一人物とは思えないほど、明るく輝いて見えました。

このように「プロマネ仕事術」を身につければ、仕事がうまく回るようになるのはもちろん、**プライベートも充実し、人生を豊かにできる**のです。

一人でも多くの人が本書で紹介するプロマネ仕事術を実践し、自分と自分の周りの人たちをハッピーにしてくれることを願っています。

最速！「プロマネ」仕事術　目次

第2章

チーム仕事のスピードは、「立ち上げ」段階で9割決まる

最大の時間泥棒「手戻り」を防ぐ7つのポイント

第3章

ゴールへの最短最速ルートを「プランニング」する

「タスク出し」と「スケジューリング」7つのポイント

第4章

こう「実行」すれば、納期を余裕で守れる

「進捗管理」と「会議・ミーティング」7つのポイント

第5章

「想定外&トラブル」を切り抜けるリアル・ノウハウ

プロマネの「よくある悩み」に答えます！

第6章
究極の「プロマネ」仕事術・孫社長流「新規事業立ち上げ術」
「リスク」を最小化し、「リターン」を最大化する秘訣

第1章

日本の職場から
「デスマーチ」を
撲滅するために

「プロマネ」仕事術は、全ビジネスパーソンの必須スキル

「プロマネ」とは、プロジェクト・マネジメント、またはプロジェクト・マネジャーを略した言葉です。

私がいた頃のソフトバンクでは、あらゆる仕事がプロジェクトで動いていました。

これからは、あらゆる企業で多くの仕事が〝プロジェクト化〟していくでしょう。

「はじめに」でも述べたように、今後は特別なプロジェクトに関わる人だけでなく、ビジネスパーソンなら誰もがプロマネの能力を求められるようになります。

その背景には、ビジネス環境の大きな変化があります。

そこで第1章では、あらゆる仕事がプロジェクト化している時代背景を解説します。

これを読めば、なぜプロマネ仕事術がすべてのビジネスパーソンにとって必須スキルなのかを理解していただけるでしょう。

現在、日本企業の現場で起きている問題の多くは、「プロジェクト的な仕事」が増大しているにもかかわらず、プロマネのスキルを身につけた人間が圧倒的に少ないことが原因です。

その結果、納期に間に合わせるために連日残業を続ける「デスマーチ」という悲劇が、様々な職場で発生しています。

こうした非生産的な働き方を撲滅《ぼくめつ》するために、プロマネはどんな役割を果たせるのか。

現代のビジネスシーンにおけるプロマネの重要性についても述べることにします。

「プロジェクト的な仕事」が日常業務の中でも増えている

まずは、あなたのスケジュール帳を開いてください。そして今日一日、あるいは今週でもいいので、自分がやった仕事をざっと振り返ってみましょう。

さて、その中に「プロジェクト的な仕事」はどれくらいあったでしょうか。


「今はプロジェクトなんて抱えてないけど？」

そう思う人もいるかもしれません。でも、誤解しないでください。

私が言っているのは、あくまで〝プロジェクト的〟な仕事です。


この本で言う「プロジェクト的な仕事」の定義とは、次の通りです。

①明確な納期または締め切りがあり、ある一定期間に行なう仕事

②（日々継続的に仕事を一緒にしているわけではない）他部門の人、あるいは外部の企業や個人と共同で進める必要がある仕事

③過去にやったことがない仕事で、達成したい目標は定まっているものの、それを実現する具体的な手段や手順があらかじめ明確になっていない仕事

いかがでしょうか。

こんな仕事なら、あなたの日常業務の中にもたくさんあるのではないでしょうか。

もっとわかりやすくするために、逆に「プロジェクト的ではない仕事」とは何かも説明しておきましょう。

①継続や再生産を前提としているため、一定期間に達成すべきゴールや目標が示されず、明確な締め切りも設定されない仕事

②自部門だけで完結し、いつも一緒に仕事をしている上司やメンバーなど、決まった相手とだけやりとりすれば済む仕事

③これまで何度もやってきて、手段や手順も明確になっている仕事

近い将来、ホワイトカラーのルーティンワークは消滅する

こうして定義するとわかる通り、むしろ「プロジェクト的ではない仕事」のほうが少ないのではありませんか？

ひと昔前まで、こうした「プロジェクト的ではない仕事」はルーティンワークと呼ばれ、日本の会社で働くホワイトカラーの業務の大半を占めていました。

しかし今ではルーティンワークは激減し、どの業界や職種でも「プロジェクト的な仕事」の割合が急増しています。

もっと言えば、近い将来、ホワイトカラーのルーティンワークは消滅するというのが私の予測です。

いわゆる**〝日常業務〟の内容が、今まさにガラリと変わりつつある**のです。

増加の背景にある「四つのビジネストレンド」

では、なぜ「プロジェクト的な仕事」が増えているのでしょうか。

そこには、ビジネス環境の変化が大きく影響しています。その変化を読み解くキーワードは、「デジタル化」「グローバル化」「カスタマイズ化」「高速化」です。

「デジタル化」については、もはや説明するまでもないでしょう。

いまやＩＴと無縁のビジネスを探すほうが難しいくらいですし、一見するとアナログに思える作業でも、必ずデジタルが関わってきます。

例えば、「店頭で配る申込書の仕様を変えたい」という場合でも、単に紙の上のレイアウトや項目を変更すれば済む話ではなく、申込書に記載されたデータを処理するシステムとの連携が不可欠です。

そうなれば、社内の情報システム部門や、情報処理をアウトソースしている外部のＩＴ企業やITプロフェッショナルと一緒に仕事をすることになります。

何をするにしても、常にITが絡んでくる。これが今の時代の日常業務です。


「グローバル化」も同様です。

少子高齢化が進む国内市場だけではどのビジネスも成長が難しくなった今、大手から中小零細、創業間もないベンチャーまで、あらゆる企業が海外展開を積極化しています。

となれば当然、現地のパートナー企業や海外でのビジネスに詳しいコンサルタントやアドバイザーと共同で仕事をする機会が増えます。

また、デジタル化やグローバル化が進むと、コンプライアンス部門や法務・税務のプロフェッショナルとの連携も必須となります。

ITであれば個人情報保護や情報開示の問題が、海外展開であれば契約書のチェックや各国の税制への対応などが発生するため、いずれも専門家の助けが不可欠です。


「カスタマイズ化」も、大きなトレンドです。

これは営業の仕事を思い浮かべてみるとわかりやすいでしょう。かつての営業マンは、既成の製品やサービスをそのまま売れば仕事は終わりでした。しかし今は、「どの商品をご希望ですか」という単なる御用聞きしかできない営業は不要の時代です。

今の営業に求められているのは、顧客のニーズを聞き出し、相手が抱える問題を解決することです。そのためには、自社の製品やサービスを組み合わせたりプラスαを加えたりして、個別にカスタマイズした提案ができなければ競合には勝てません。

ただし、カスタマイズには他部門の協力が不可欠です。顧客が求める納期や品質を予算内で実現できるよう、各方面と調整や話し合いをして実現に持ち込まなくてはいけません。

これはまさに一つのプロジェクトを回すのと同じことです。

「高速化」は、どの日本企業にとっても大きな課題です。

私が指摘するまでもなく、日本企業が商品やサービスを開発するスピードは、海外の企業に比べて圧倒的に遅いのが現状です。

計画段階に時間をかけ、データをできる限り集めてじっくり検討し、経営陣のゴーサインが出るまで何段階も稟議《りんぎ》が通るのを待つ。ようやく了承が出て開発を始めても、完璧だと確信できるものができ上がるまでリリースしない――。これが一般的な日本企業のスピード感です。

しかし、変化の激しい今の時代にそんな悠長なことをしていたら、ある日突然、海外から新しいプレーヤーが乗り込んできて、あっという間に市場を独占されるのがオチです。

海外におけるビジネスの競争スピードは、日本人が考える以上に加速しています。例えば日本では、ドローンを使った事業が次世代の新たなビジネスになると注目されています。しかし、実はすでに**世界の民生用ドローン市場の七割は、中国のDJIという企業が押さえている**ことをご存知でしょうか。

この事実を知れば、いかに日本が周回遅れの議論をしているかわかるでしょう。

もちろん、日本企業も自分たちのスピードの遅さに危機感を抱き、何とか海外に追いつこうと必死に策を講じています。

その結果、社内だけで新たな部門を立ち上げて事業を育てるのではなく、必要なスキルやノウハウを持った人材を関連部署から横断的に集め、さらに外部の企業やプロフェッショナルと手を組んで、時間をかけずにリソースを揃えてビジネスをスタートアップするプロジェクト型の仕事がますます増えています。

「デジタル化」「グローバル化」「カスタマイズ化」「高速化」の四つのビジネストレンドは、いずれも**「日常業務のプロジェクト化」**を推進する強力な要因となっているのです。

ＡＩやＲＰＡが普及しても、「プロジェクト的な仕事」は減らない

さらに、「プロジェクト的な仕事」を今後ますます増加させる大きな要因があります。

それが、ＡＩやＲＰＡです。

ＡＩはご存知の通り、人工知能のこと。ＲＰＡはRobotic Process Automationの頭文字をとった言葉で、簡単に言えば「ホワイトカラーの定型業務を自動化するテクノロジー」です。

これらは業務の効率化や人手不足の解消を目的として多くの企業で導入が進んでいますが、特にＲＰＡはＡＩより導入コストが安いこともあって、急速に普及しています。

ＲＰＡは、人間が設定した一定のルールに従って作業をこなします。例えばサラリーマンなら誰もがやっている交通費の精算も、ＩＣカードをかざすだけでデータを読み取り、入力もチェックも自動的に処理してくれます。

他にも日常業務の中には人間が手を動かして入力や処理をしなくてはいけない事務作業がたくさんありますが、これらはすべてＲＰＡが代行してくれるようになるでしょう。

■「プロジェクト的な仕事」増加の背景

●「プロジェクト的な仕事」とは？

- ■期限あり（←→継続性あり）
- ■複数の部門が関与（←→担当部門で完結）
- ■独自のプロダクト・サービスを創造（←→同じプロダクト・サービスの再生産）

●増加している理由＝ビジネス環境の変化

① デジタル化
② グローバル化
③ カスタマイズ化
④ 高速化

→ 若手社員、一営業マンでも、「プロマネ」の役割を担う時代に

●AIやRPAの普及で、今後さらに増える

定型業務はどんどん機械がやるようになる

→ 人間がやる仕事は「プロジェクト的な仕事」が中心に

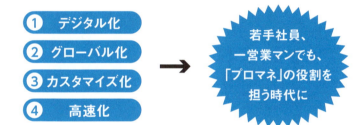

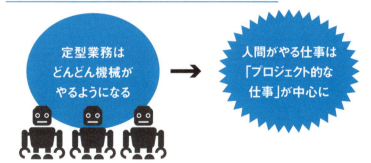

しかも、その変化はすでに始まっています。いずれやってくる話ではなく、今日あなたの会社で起こってもおかしくない変化なのです。先ほど私が「ホワイトカラーのルーティンワークはいずれ消滅する」と言ったのは、それが理由です。

二〇一八年に入ってから、メガバンクが相次いで大量の人員削減計画を発表して話題となりましたが、これもルーティンワークの激減を見越したものです。

窓口での単純な手続きやそれに伴う事務処理は、すでに大半が機械に置き換わっています。となれば、その業務を担当していた人員は不要になります。ゼロ金利などの影響で銀行も経営環境が厳しくなっていますから、大胆なリストラをしてでもコスト削減と業務の効率化を進めなくては生き残れない時代になったということです。

では、ＡＩやＲＰＡの導入が進んだら、人間にはどんな仕事が残されるのか。

その答えが、「プロジェクト的な仕事」です。

「定型的で繰り返しの作業」が機械に置き換われば、残るのは「非定型で複数の人が関わる仕事」だけです。つまり、**「プロジェクト的な仕事」こそが「ＡＩ時代の仕事」**だということです。

それは同時に、「プロジェクト的な仕事」ができない人には、機械に仕事を奪われるというシビアな未来がやってくるということでもあります。

プロマネの仕事は、「横のコミュニケーション」の調整役

では、そんな未来を生き抜くために必要なことは何か。

答えは一つしかありません。それは、あらゆるビジネスパーソンが「プロジェクト・マネジメント」のスキルを身につけなくてはいけないということです。

役割としては、常にプロジェクト・マネジャー（プロマネ）を務めるつもりで仕事を回していく必要があります。

「プロジェクト」と名がつく特別な仕事に関わる人だけでなく、営業のように個々の独立性が高いと思われていた職種や、これまでルーティンワークが多かったバックオフィスについても、例外ではありません。どんな日常業務もプロジェクトと捉えて、自分なりにマネジメントしていく。それが、これからの時代に求められるスキルです。

とはいえ、これまでプロジェクト型の仕事に参加する機会が少なかった人は、「プロマネとはなんぞや」と思うかもしれません。

プロジェクト・マネジャーの役割とは、ひと言でいえば「コミュニケーションの調整役」です。しかもここで言うコミュニケーションとは、「横のコミュニケーション」であることが最大の特徴となります。

ひと昔前まで、日本の組織では「縦のコミュニケーション」がほとんどでした。社内の一部門だけで完結する仕事が多く、ピラミッド型組織の上下関係に従っていれば意思決定ができたからです。

しかし、プロジェクト的な仕事が増えた今、必要とされているのは、他部門や外部の人・企業と上下関係や肩書きに縛られないフラットな「横のコミュニケーション」ができる人材です。

ただし、従来の**「縦のコミュニケーション」に比べて、「横のコミュニケーション」は格段に難易度が高くなります。なぜなら、プロマネには人事権がないから**です。プロジェクト・メンバーの配置を決めるのも、評価するのも、その人が本来所属している組織の直属の上司です。プロマネには、その権限がありません。よって極論すれば、「プロマネに嫌われても、直属の上司に嫌われなければいい」と考えるメンバーがいてもおかしくないわけです。

同じ社内の人間でもそう考えるリスクがあるのですから、一緒に仕事をするのが外部の人や

■「プロマネ」の役割とその難しさ

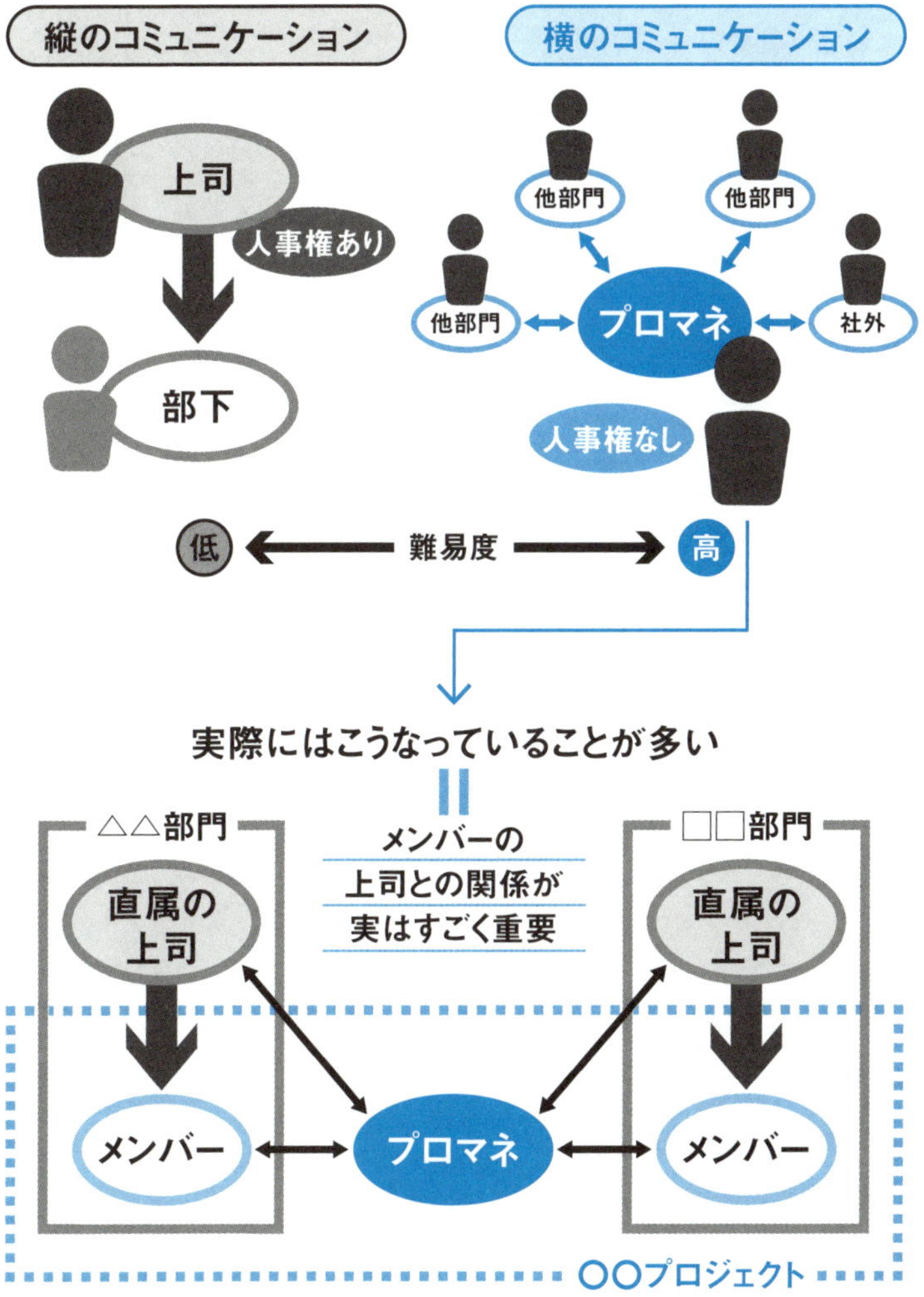

企業だったら、それこそ「あのプロマネは気に入らないから、自分たちはこのプロジェクトから降りる」と言われかねません。

縦の上下関係の中では、人事権を持つ上司が圧倒的に強い立場なので、多少マネジメント能力に問題がある人でも自分の指示に部下を従わせることが可能です。

しかし、人に関する権限や裁量を持たないプロマネはそれができない。ここに「横のコミュニケーション」で人を動かしたり、チームをマネジメントする難しさがあります。

「孫社長のプロジェクトだから」では誰も動いてくれない

私もソフトバンク時代は、そのことをたびたび痛感しました。

当時は社長室長の肩書きでプロマネを務めることが多かったのですが、もちろん私にメンバーの人事権はありません。「社長室長」という響きはさも偉そうに聞こえるかもしれませんが、社内の各部署に対して私自身が何らかの権限を持っていたわけではありません。

だからといって、私が孫社長の権限を笠に着て、「社長肝《きも》いりのプロジェクトなのだから、みんなも従え」と無理やり人を動かそうとしたら、それこそ周囲の反感を買って、誰も協力などしてくれなかったでしょう。

それでも社内の人間であれば、渋々でも従ってくれたかもしれません。

しかし、社外の人や組織を巻き込んでジョイントベンチャーを立ち上げるようなプロジェクトの場合、いくら孫社長の名前を出しても、何の強制力にもなりません。

特に当時のソフトバンクは今とは比べものにならないほど知名度も社会的信用度も低かったので、孫社長の名前だけで相手が動いてくれるほど甘くはありませんでした。それに、どんなに世間に知られた経営者でも、相手にとっては〝外の人〟。その人が重視するのは、あくまで自分の会社のトップの意向です。

また、「横のコミュニケーション」には「言葉や文化の違い」というハードルもあります。**同じ言葉でも、所属する組織が変わると定義が変わる**ことはよくあること。同じ会社の同じ部署に所属する上司と部下なら簡単に通じる話も、外部の人にはなかなか理解してもらえなかったり、誤解が生じがちなのはそのためです。

また、同一の組織内で同じカルチャーを共有している者同士ならすんなり理解し合えることも、価値観が異なる外部の人から見ればとても受け入れがたく、それが無用な対立を生むことも少なくありません。この点でも、「横のコミュニケーション」は「縦のコミュニケーション」の何倍も難易度が高いのは間違いないでしょう。

プロマネの仕事のやり方をいかに学ぶか？

本来必要な権限がない上、高いコミュニケーションスキルを求められる。そんな厳しい状況の中で、プロマネは限られた予算と人員をやりくりし、決められた期限までに期待される品質の成果物を納品しなくてはいけません。

そのハードルをクリアし、プロジェクトをやり遂げるためのノウハウはちゃんと存在します。それを皆さんにお伝えするのが、この本の目的です。

ただ**日本の多くの企業では、「プロマネの仕事をどうやればいいか」という方法論を誰も教えてくれない**のが現状です。新人研修はもちろん、管理職研修でさえ、プロジェクト・マネジメントをテーマに社員教育を行なっている企業はかなり少ないのではないでしょうか。

「そんなことはない。日本の企業でも、プロマネ人材を育てるためにPMBOKを学ばせているところがあるじゃないか」

そんな反論があるかもしれません。

PMBOK（Project Management Body of Knowledge）とは、プロジェクト・マネジメントの知識と方法論を体系化したものです。

アメリカの非営利団体が作成し、現在ではプロジェクト・マネジメントの国際標準として世界各国に広まっています。PMBOKガイドに基づいて実施されるPMPという資格試験もあり、日本でも取得者が増えつつあります。

私もPMBOKを学び、プロマネとして仕事をする際に大変役立ちました。本気でプロジェクト・マネジメントのプロフェッショナルを目指す人にとっては、確かに価値のあるガイドだと思います。

ただ私の主観としては、PMBOKはごく一般のビジネスパーソンが学ぶにはtoo muchに感じます。知識全体を非常に精緻《せいち》に体系化しているため、大型プロジェクトを率いるようなプロマネの専門家には有益でも、この本で言う「プロジェクト的な仕事」を日常業務として回していきたいと考える人には、かえって自分の仕事に落とし込みにくいのではないでしょうか。

私はここでPMBOKの是非を議論したいわけではありません。

プロジェクト・マネジメントのノウハウとして確立されたものがあっても、現在の環境では、それをごく普通のビジネスパーソンが学ぶのは簡単ではないことを知ってもらいたいのです。

日本の職場で頻発する「デスマーチ」

「プロジェクト的な仕事」が増えているのに、プロマネのスキルを身につけた人は少ない。

こうした現状が、日本企業に大きなマイナスの影響を与えています。

そもそも「プロジェクト的な仕事」では、誰がプロマネの役割を担うのかもはっきりしないことがほとんどです。

その結果、**日本のあらゆる職場で同じような失敗パターンが繰り返されています**。

そのパターンをわかりやすくグラフ化したのが左図です。

これはプロジェクト・マネジメントのプロフェッショナルであり、私もソフトバンク時代にプロジェクト・マネジメントの研修をお願いしたことがある中嶋秀隆さんが翻訳された『PMプロジェクト・マネジメント入門』（マリオン・E・ヘインズ著／日本能率協会マネジメントセンター）で紹介されていたグラフを参考に、私なりのアレンジを加えたものです。

■よくある失敗プロジェクトの例

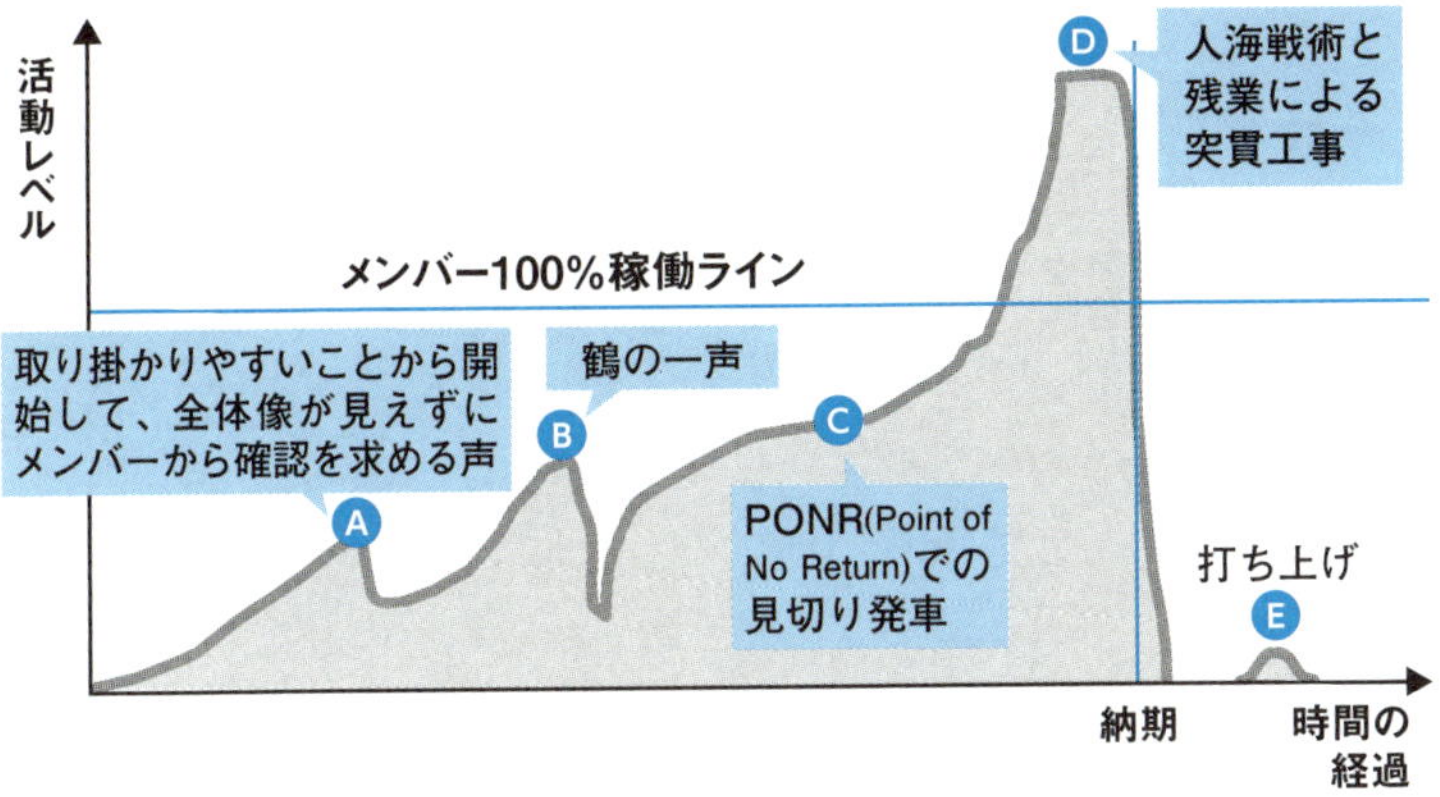

出典：マリオン・E・ヘインズ著／中嶋秀隆訳『PM プロジェクト・マネジメント入門』（日本能率協会マネジメントセンター）の140ページに掲載の図を、筆者が一部加工・加筆

見ていただくとわかる通り、グラフの横軸が「時間の経過」、縦軸が「活動レベル」を表しています。

たいていのプロジェクトは、メンバー同士で明確な役割分担もしないまま、「とりあえず、やれることから始めよう」と各自が思いつくまま何となく作業を開始します。

しばらくはそのまま活動レベルが上がっていきますが、ある A 地点まで来ると、誰かが「このやり方のままでいいのかな」「前のプロジェクトではこんなことはしなかった」などと言い出します。すると他のメンバーも不安に思い始め、「確かにそうだな。進め方を見直そう」と再検討が始まり、いったん活動レベルが停滞します。

その後、メンバー同士で仕事の進め方について合意がなされると、再び作業が開始されます。

ところが B 地点に来ると、今度は会社の上層部やクライアントから「ちょっと待て。自分が考えていた方向性と違うから、やり直してくれ」と想定外の注文が飛び出します。

いわゆる〝**鶴の一声**〟です。

ここで活動レベルは限りなくゼロに近いところまで落ち込み、仕事は振り出しに戻ります。

こうして一からやり直している間にも、納期はどんどん迫ってきます。突然の軌道修正に悪戦苦闘しているうちにやって来るのが**「Point of No Return」**、つまり「最終期限から逆算して、もう軌道修正も後戻りもできない段階」です。

ここを超えると、あとは期限に間に合わせるために、深夜残業や徹夜を続けてでも大量の作業を突貫《とっかん》工事でやるしかなくなります。時には、本来この仕事とは関係のない人まで駆り出して、人海戦術を繰り広げます。

その時の活動レベルをグラフで確認してください。本来の上限値を完全に超えています。

これが俗にいう**「デスマーチ」**の状態です。

こうして修羅場をかいくぐり、死力を尽くして何とか期限までに納品すると、活動レベルは一気にゼロになります。

その少し後にちょっとだけ活動レベルが上がっているのは「打ち上げ」です。ここでメンバーたちがお互いの苦労をねぎらい、プロジェクトは解散となります。

これが日本の職場における典型的なプロジェクトの失敗パターンです。

皆さんの中にも、まったく同じ経験をしたことがある人は多いのではないでしょうか。

せっかくの経験が組織に蓄積されず、同じ失敗パターンを繰り返す

このパターンで何が問題かといえば、プロジェクトが本来目指していた目標を達成できずに終わってしまうことです。
Point of No Returnを超えてからは、「納期を守るためなら何でもやる」という状態になってしまい、プロジェクトで本来目指していたはずの「品質」はなおざりにされます。

また、余計な「コスト」もかかります。

例えば資材を発注するのも、「二週間後の納品なら一〇万円だが、三日後の納品だと特急料金として二〇万円かかる」と割増料金を要求されることが多くなります。スケジュールに余裕があれば、コンペをして複数の取引先を比較検討し、最も安い価格の資材を選ぶこともできますが、スピード最優先の見切り発車ではそれも不可能です。

また、突貫工事が続いてメンバーの残業や休日出勤が増えれば、その分だけ人件費もかさみ

ます。会社のコストが増大するだけでなく、連日の徹夜を強《し》いるような働き方は個人にとっても幸せではないでしょう。

たとえ期限は守れたとしても、品質もコストも目標を達成できなかったとすれば、そのプロジェクトは失敗と言わざるを得ません。

納期後の活動が、打ち上げだけというのも問題です。ただお酒を飲んで「お疲れさま」と言い合うだけでは、プロジェクトを通して得た資産や知見が組織の中に蓄積されません。

これだけ苦労してプロジェクトをやり遂げたのですから、メンバーはそこから多くのことを学び取っているはずです。その**貴重な財産をノウハウとして以降のプロジェクトに生かす**ことができれば、こんな失敗パターンを繰り返さずに済みます。

しかし実際は、特に反省や振り返りをする機会は設けられず、せっかく得た知見も忘れ去られてしまっているのです。

目標を達成できず、あとに何も残らない――。

こんな失敗プロジェクトを繰り返しているうちは、日本の企業が高い成果を出し、ビジネスを成長させることはできないでしょう。

「プロマネができる人材」はどの業界でも引く手あまた

プロジェクトを実行するたびにデスマーチに陥っていたら、誰もプロジェクトに関わりたくないと考えるようになります。

私が在籍していた頃のソフトバンクも、同じ状況でした。

「Ｙａｈｏｏ！ＢＢ」のプロジェクトを立ち上げた時、孫社長は人事部に「今日の夕方五時までに、社員を一〇〇人集めろ！」と指示しました。

そして本社やグループ会社から集められた一〇〇人の前で、孫社長は「ソフトバンクは第二の創業のつもりで、このプロジェクトに社運をかけて取り組む。ここに集まった人たちはメンバーとして参加してもらうので、全員名刺を置いていけ！」と熱く語りかけたのです。

ところが、名刺を置いていったのは数十人で、多くの社員は名乗らないままその場から立ち去りました。うち一〇人ほどは、**孫社長の目を盗み、非常階段から走って逃げた**ほどです。その様子を見ていた私は、まるでマンガみたいだと笑ってしまったくらいでした。

この頃のソフトバンクは、新しく立ち上げたものの結局事業として成立せず終わってしまったプロジェクトが相次いでいて、「孫社長のプロジェクトには参加したくない」と考える社員が増えていた時期でした。

孫社長ほどのリーダーであっても、成功率が下がれば人に逃げられてしまうということです。

プロジェクトのメンバーになることさえ嫌がられるのですから、ましてや現場の責任を背負うことになるプロマネなど、誰も引き受けたがらなくて当然です。

私も多くの日本企業から、「うちの会社では誰もプロマネを志望しないし、人材も育たない」と相談を受けてきました。

それは決して日本のビジネスパーソンの能力や意欲が低いからではありません。権限がないのにリスクだけ負わされるプロマネというポジションが、貧乏くじでしかないからです。

つまり**日本の会社の大半は、プロマネが本来の職責を果たせない組織構造になっている**ところに問題があるのです。

新規事業のプロジェクトも、日本企業における成功率は極めて低いのが現状です。

大企業でよくあるのが、社内のコンペやビジネスプランコンテストで選ばれたテーマをプロジェクト化し、アイデアの提案者にプロマネを任せるケースです。

この場合、スタート時には役員レベルが何人も後ろ盾について応援してくれます。ところが、途中からプロジェクトの雲行きが怪しくなったり、自分が管轄《かんかつ》する部門に不利益となる事態が発生した途端、**役員たちはさっさと手を引いて逃げ出します**。支援者を失ったプロマネは、必要な人材や予算などのリソースを失い、プロジェクトは完全に頓挫《とんざ》します。メンバーからは突き上げをくらい、チーム内は混乱に陥ったまま、最終的に中途半端な状態でプロジェクトは解散に至ってしまう……。これが典型的な失敗パターンです。

さらにひどいのは、プロマネ一人が失敗の責任を負うことになり、プロジェクトが終わってからも周囲からの評価は下がったままになってしまうことです。

スタートの時点で、後ろ盾についた役員が「もし失敗しても責任は自分がとる」と明確にしていれば、この事態は回避できるはずです。ところが日本のプロジェクトは、権限や責任の所在が曖昧《あいまい》なまま進むので、いざ問題が起こった時に結局プロマネが泥をかぶることになります。

プロマネの仕事が、AIに奪われることは当面ない

プロマネを引き受けても何もいいことがないのだから、社員たちが「プロジェクトには参加

せず、通常の業務に専念したほうが得だ」と考えるのも無理はありません。

しかし実際は、前述の通り、どの会社でも「プロジェクト的な仕事」は増える一方です。

そのたびに誰かが嫌々ながらプロマネを引き受け、メンバーも会社の命令によって仕方なく参加していたら、プロジェクトの失敗確率はますます上がるだけです。海外企業との差も広がるばかりで、グローバル競争の中で日本企業だけが取り残されてしまいます。

これは日本という国全体にとっても、大変由々しき事態です。


暗い話が続いてしまいましたが、考え方を変えれば、これはチャンスでもあります。

プロジェクトを敬遠する人が多い今、「プロマネの達人」と呼ばれるほどのノウハウを身につければ、ビジネスパーソンとして抜きん出ることができるからです。

AIがどんなに発達しても、プロマネをやり遂げる力があれば、あなたはどの企業でも引く手あまたの人材になれるはずです。

現在の日本の組織はプロマネにとって厳しい環境ですが、それでもプロジェクト全体をコントロールし、人を動かしていくノウハウやコツは存在します。

この本の第2章以降で、それを詳しく説明していきましょう。

「できるプロマネ」は、メンバーの時間をムダに奪わない

ところで「良いプロマネ」「できるプロマネ」の条件とは何でしょうか。

私が最も重要だと考えるのは、一緒に仕事をする人たちの時間を奪わないことです。「時間を奪う」とは、本来なら費やす必要のない時間を余分にかけて相手に仕事をさせてしまうことです。

上層部の鶴の一声ですべてがひっくり返され、仕事がいちからやり直しになってしまうケースはその典型でしょう。今まで作業に費やしてきた時間はまったくのムダになり、二度手間、三度手間が発生して、メンバーは残業や休日出勤をしなければ納期に間に合わないという事態に追い込まれます。

また、無用な待ち時間を作ることも、メンバーの時間を奪います。

作業を進めるための了承を上司やクライアントからもらえないと、仕事はストップします。その間、やることもなくひたすら待たされた上に、突然プロマネから「ようやく上のゴーサインが出たから、今日中にこの仕事をやってくれ」などと言われたら、結局メンバーたちは残業を強いられることになります。

かといって、上司やクライアントの了承を取らないまま見切り発車すれば、結局はどこかの時点で鶴の一声が飛んできて、やはり周囲の人たちの時間を奪うことにもなります。

こんな毎日が続いたら、一緒に仕事をする人たちは心身ともに疲弊してしまいます。

企業が人件費を抑え、一人の社員に任される業務量が急増している今、**「時間」は最も重要な資源**と言っていいでしょう。

それは新入社員であろうと、ベテラン社員であろうと変わりません。

また同じ社内のメンバーはもちろん、社外で協力してくれるチームや個人のプロフェッショナルに対しても、相手の時間をムダに奪わないことを心がけるべきです。

社外の協力者は普段同じオフィスで働いていないため、相手の忙しさや大変さが目に入らず、プロマネは自社の都合を優先して無理を押し付けがちです。しかし実際は、相手のほうが自社のメンバーよりも大量の業務を抱えて激務をこなしているかもしれません。

■「できるプロマネ」と「ダメなプロマネ」の違い

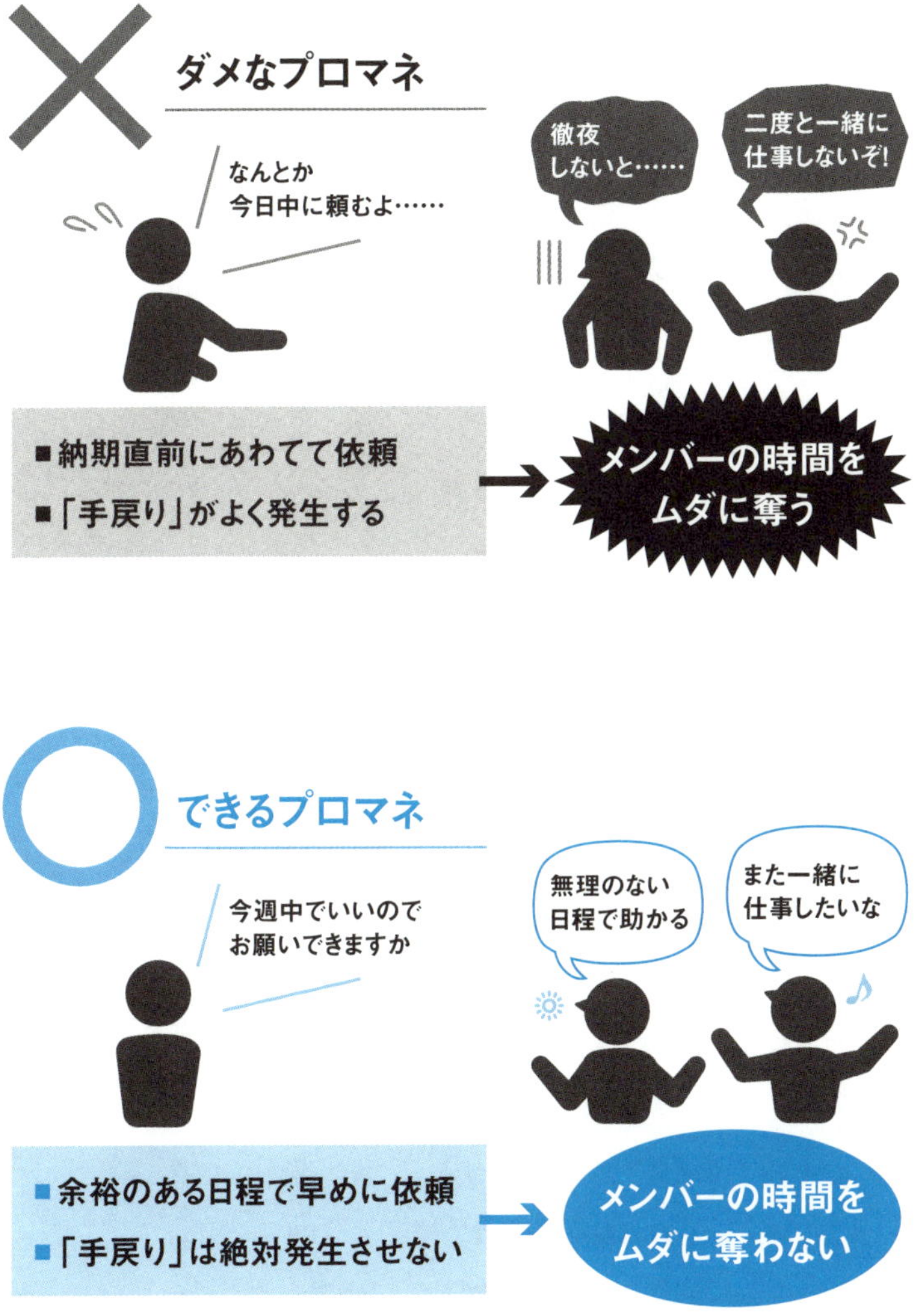

時間を奪うプロマネは、協力してもらえなくなる

プロマネがそうした周囲の人たちの状況に思いが至らず、相手の時間を奪っているという自覚なしに無理な依頼ばかりしていたら、どうなるでしょうか。

社内・社外から、「あの人と仕事をすると、いつも納期ギリギリで急な作業や二度手間の仕事を押し付けられるから、もう一緒にプロジェクトはやりたくない」と思われて、誰からも相手にされなくなります。

たとえ会社からの指示でプロジェクトへの参加を断れず、嫌々ながらチームに入ったメンバーがいたとしても、**「このプロマネの仕事は適当に手を抜いてやればいいや」**と考えます。決して「この人のために一生懸命やろう」などとは思ってくれません。

周囲の協力を得られなければ、もはやプロマネとして機能しません。あなたは「ダメなプロマネ」の烙印《らくいん》を捺《お》され、社内からも社外からも評価が下がってしまいます。

でも、相手の時間を大切にする「できるプロマネ」なら、状況はまったく異なります。

「あの人はいつもメンバーの状況をよく見て、できる範囲の仕事を早め早めに依頼してくれる

から、こちらも仕事がしやすい」

「あの人はチーム全体の作業の段取りを組むのがうまいから、自分たちも余裕を持って作業ができるし、残業も少なく済むのでありがたい」

そう思ってもらえたら、あなたの評価はうなぎのぼりです。

メンバーたちも前向きな気持ちで仕事に取り組めるので、仕事の効率や生産性はさらに向上し、プロジェクト全体としても高い成果を出すことができます。最小の時間で最大の成果を出せれば、プロマネの評価はますます上がるでしょう。

そうなれば、また**別のプロジェクトでプロマネをすることになっても、「あの人の仕事ならぜひ一緒にやりたい」と手を挙げてくれる人がたくさん出てくる**はずです。

プロジェクトのメンバーや協力者がハッピーになれば、結果的にプロマネの仕事もスムーズに回るようになり、自分自身もハッピーになれるのです。


これからますます「プロジェクト的な仕事」が増えれば、「できるプロマネ」と「ダメなプロマネ」のパフォーマンスの差はますます拡大していくでしょう。

この差はそのまま、ビジネスパーソンとしての評価の差につながります。

だからこそ、「プロマネ仕事術」を身につけることが重要なのです。

間違った「働き方改革」を正しい方向に導けるのはプロマネだけ

最近では国を挙げて働き方改革が推奨され、企業・個人ともに時間の大切さに対する意識は高まっているかのように思えます。

しかし正直なところ、私は現在の働き方改革に違和感を覚えます。

「より短い時間で、より高い生産性を目指す」という方向性は間違っていません。

問題は、そのやり方です。**多くの企業がやっていることは、はっきり言って現場への丸投げ**です。「生産性を三〇％アップしろ」「残業を五〇％削減しろ」などと目標だけ与えて、「実現する方法は自分たちで考えろ」と社員たちに押し付けている。これが現在の働き方改革です。

しかし、**個人の努力には限界があります**。

いくら個人がパソコンの入力作業を二倍のスピードでできるようになっても、そもそも与えられている業務量がその人のキャパシティの五倍だったら、何の解決にもなりません。

この場合なら、入力作業を担当する人数を増やすとか、業務の一部を外注に出すといった対応をしない限り、個人が限界まで努力しても目標の達成は不可能です。

つまり個人単位ではなく、組織単位でオペレーションを改善するのが、本当の意味での働き方改革であるはずです。

そして、それをやれるのは現場ではなく経営陣です。上の人間が変わらなければ、本当の働き方改革は実現しない。それが私の考えです。

コールセンターの責任者時代の大失敗

私が確信を持ってそう言えるのは、過去に自分自身が同じような過《あやま》ちをおかした苦い経験があるからです。

ソフトバンク時代にコールセンターの運営を任されていた私は、ある時、孫社長から大幅なコスト削減を命じられました。

コストを下げるには、オペレーターとお客様が会話するトークタイムを短くすることが必須です。そこで一件当たりのトークタイムの平均値を計測すると、八分三十秒という数字が出ました。

そこで私は「この時間を短縮すればいいだろう」と安易に考え、現場のマネジャーたちに「トークタイムを一分短縮して、平均七分三十秒以内に収めるように」と指示を出したのです。

ところが、これが大失敗でした。

なぜなら、指示を受けたオペレーターたちは目標時間内に話を終わらせようとして、ものすごい早口で話すようになったからです。なかには、七分三十秒を超えると電話を切ってしまうオペレーターまで出てきました。

当然、顧客からは「話の途中で切られた」「早口で、何を言っているかわからない」といったクレームが殺到して、全体のコール数はかえって増えてしまいました。

「上の人間が現場の努力だけに頼って問題を解決しようとするとどうなるか」の悪いお手本みたいな話です。

ようやく自分の間違いに気づいた私は、組織全体のオペレーションの改善に着手しました。

個人の努力だけではどうにもならないのだから、この場合の解決策はただ一つ。

「オペレーターが長く会話しなくてもいい体制を作ること」です。

まずはマニュアルを見直し、会話を長引かせる要素を排除しました。

それまでは、「住所」「氏名」「年齢」「性別」など多数の項目をいちいち相手に聞いて本人確認をしていたのですが、コンプライアンス部門に確認したところ、そのうちいくつかは不要とわかったので、項目から削除しました。

さらに、お客様のモデムの状況をコールセンターから遠隔で確認できるツールを導入し、質問しなくても相手のモデム状況を把握できるようにしました。

これは、会話が長引きやすいコールの内容を調査した結果、大半を占めていたのが「モデムの状況確認」だと判明したからです。お客様のモデムの状況を確認するには、「点滅しているランプはありますか」「何番目のランプですか」「赤ですか、緑ですか」などと多数の質問をしなくてはいけないため、やりとりに時間がかかっていました。

ツールの導入後はこの会話がすべて不要になり、トークタイムは大幅に短縮されました。

その結果、コールセンターのコストも大きく減らすことができたのです。

私はこの経験から、**仕事の生産性を高めるには、マネジメント側の人間が組織全体の業務量やリソース配分などを適正にコントロールすることが不可欠**だと痛感しました。

電気を消しても、仕事は消えない

「うちの会社だって、組織全体で働き方改革に取り組んでいる。社員に残業させないように、定時にオフィスの電気を消しているくらいだ」

そう話す経営者は少なくありません。

しかし、「定時に電気を消す」というのは「トークタイムを一分短縮しろ」と言っているのと本質的には同じです。

単にオフィスにいられる時間が短くなっただけで、社員一人当たりの業務量は変わっていません。よって社員は自宅に仕事を持ち帰り、〝隠れ残業〟をすることになります。

部門ごとに残業時間の削減目標を設定し、達成できなければ管理職にペナルティを与えるというルールを設ける会社も増えています。

しかし、その目標をクリアしようとして、部下を早く帰らせる代わりに管理職自身が業務を肩代わりしたり、他部門や下請けに負担を押し付けるといった結果になっている会社は少なくありません。

組織のオペレーションが変わらない限り、いくら目標を設定しても、どこかに必ず歪《ゆが》みが生じるだけです。

「プロマネ」仕事術を武器に、ミドルが組織を変える

とはいえ、「うちの会社の経営陣は何もしてくれない」と愚痴《ぐち》を言っても仕方ありません。この状況を変えるには、誰かが組織を動かすしかないのです。

その役割に適任なのが、ミドル世代です。

中間管理職層は、経営者からも現場の末端からもリアルな情報を得られる立場にいます。現場の声を経営に反映させるつなぎ役となり、組織全体のオペレーションを改善できる力を持っているポジションなのです。

「そう言われても、目の前に積み上がった仕事をこなすだけで精一杯で、組織を変えるなんて余力はない」と思う人も多いかもしれません。

私自身もまさにミドル世代であり、ソフトバンク時代は孫社長と現場のプロジェクト・メンバーとの間で苦労した経験があるので、その気持ちはよくわかります。

しかし、**上から無理な目標達成を押し付けられた結果、最も大きな負担を強いられて心身をすり減らしているのはミドル世代**のはずです。だからこそ、自分自身が働きやすい環境を作

り、仲間たちと一緒にやりがいを持って仕事ができるようにするためにも、組織を変えるという意識を持ってもらいたいのです。

組織を変えると言っても、いきなり大きな改革をしろと言っているのではありません。

上司やクライアントとのコミュニケーションを工夫することで鶴の一声を防いだり、権限を明確にすることでプロマネや現場のメンバーだけが責任をかぶらないようにしたり、了承待ちの時間や作業の二度手間が発生しないよう段取りを工夫したりと、できることはたくさんあります。

そのノウハウこそが、本書で紹介する「プロマネ仕事術」です（「上から」ではなく「下から」組織を変えていく方法については、拙著『孫社長にたたきこまれたすごい「数値化」仕事術』でも紹介しているので、あわせて読んでもらえれば、さらに役立つと思います）。

それではいよいよ次章から、具体的な「プロマネ仕事術」を解説していきましょう。

第2章

チーム仕事のスピードは、「立ち上げ」段階で9割決まる

最大の時間泥棒「手戻り」を防ぐ7つのポイント

第1章で、日本の職場における「典型的なプロジェクトの失敗パターン」を紹介しました。では、あなたが関わるプロジェクトやプロジェクト的な仕事を「デスマーチ」に陥らせないためには、どうすればいいのでしょうか。

一番の近道は、プロジェクト・マネジメントの正しいやり方を知ることです。

ところが、これだけプロジェクトやプロジェクト的な仕事が増え、新人からベテランまでがその能力を求められているにもかかわらず、その基本作法を社員にしっかり教育している日本企業は驚くほど少ないのが現状です。

プロジェクト・マネジメントのプロフェッショナル向けには、前章でも触れたPMBOKという知識体系があります。しかし、これをすべて学ぶのはかなりのボリュームで、多忙な一般のビジネスパーソンが習得するのは簡単ではありません。

そこで第2章から第4章では、私自身の経験に基づき、最低限押さえておきたいプロマネの基本と実践する際のコツを紹介します。ごく一部でPMBOKを参考にしている箇所もありますが、大半は自分のプロマネとしての実践経験をもとにまとめたものです。

本章（第2章）でお伝えする最大のポイントは、「いかに『手戻り』を発生させないか」です。

特別なプロジェクトだけでなく、日々のプロジェクト的な仕事の生産性向上にも必ずつながるので、あなたもぜひ普段の業務で実践してみてください。

「通常業務」と「プロジェクト」の流れの違い

ここで改めて、通常業務とプロジェクトの違いを整理しておきましょう。

プロジェクト

- 独自のプロダクトやサービスを創造する
- 有期性
- 複数の部門が関与する

通常業務

- 同じプロダクトやサービスの再生産
- 継続性
- 担当部門で完結する

第1章の「プロジェクト的な仕事」の説明でも述べた通り、今までにやったことがない独自性の高い仕事であり、明確な締め切りによって期限が設定されていて、他部門や外部の人と関わりながら進めるのがプロジェクトの特徴です。

通常業務とはその裏返しで、これまでやってきた仕事の繰り返しであり、明確な締め切りで区切らず同じことをずっと続けて、自分がいる部門だけでできる仕事です。

なお、プロジェクトは三つの要素のバランスをとりながら行ないます。

それが**「品質」「納期」「コスト」**です。

プロジェクトの目的を達成するために、「アウトプットのクオリティ」「スケジュール」「予算や人員」という三つの要素を調整しながら進めることが必要です。

次に、プロジェクト・マネジメントと通常業務のマネジメントの違いを見てみましょう。

通常業務の流れは、いわゆるPDCAです。

「PLAN（計画）」「DO（実行）」「CHECK（評価）」「ACTION（改善）」のサイクルを回していくというもので、マネジメントもこの流れに沿って行なわれます。

一方、**プロジェクトでは、「P」の前にもう一つ重要なプロセスが加わります。**

プロジェクトの進め方を計画する前に、「プロジェクトの目的は何か」「この件に関わるステークホルダーは誰か」「スケジュールや予算はどれくらいか」「求められる品質の期待値はどの程度か」など、そのプロジェクトの定義を明確化する必要があるからです。

このプロセスは、ＰＭＢＯＫの用語では「イニシエーション（Initiation）」と呼ばれます。「発足」「開始」「始動」「入会」といった意味の言葉ですが、日本的な仕事の表現で言えば、要するに「立ち上げ」ということです。

計画を立てるより前に、まずはこのプロセスから始めることが、デスマーチを防ぐための非常に重要なカギになります。

プロジェクト開始から終了までの「四つの段階」

そこで、プロジェクト・マネジメントの流れを私なりに整理すると、以下の四つの段階に分けられます。

①立ち上げ：プロジェクトに関する重要事項の整理・明確化、プロジェクトの依頼者であり最終責任者であるオーナーとのすり合わせなど
②プランニング：タスク出し、スケジューリング、定例会の設定など
③実行：定例会、進捗管理、様々な見直しなど
④終了：評価、振り返りなど

ここからは、各段階で何をすべきか具体的に解説していきます（本章では「①立ち上げ」について述べます）。

新規事業開発プロジェクトのように特別で大規模なものであっても、日常のプロジェクト的な仕事であっても、やるべきことと手順や流れは基本的に同じです。

ぜひ自分の仕事に置き換えながら読んでください。

立ち上げ1

プロジェクト・マネジャーを決める

先ほども述べた通り、最初の立ち上げの段階こそが、プロジェクト全体の成否を左右する極めて重要なステップです。

この段階で、勝負はほぼ決まると言っても過言ではありません。

その最初の一歩が、プロジェクト・マネジャー（プロマネ）を決めることです。

「そんなことは当たり前じゃないか」

「そもそも最初から決まっているのでは？」

そう思うかもしれません。

でも、普段の仕事をよく思い出してみてください。その件に関して誰がマネジメントをするのかが曖昧なまま、何となく話が進んでしまうことはよくあるのではないでしょうか。

例えば、新しく自社のウェブサイトを作ることになったとしましょう。

関係する部門の人間が、それぞれ自分の上司からこの件に参加するように言われて、ミーティングがセットされます。ところが、プロマネは誰もやりたくないから、誰も手を挙げません。そもそも「この件を統括し、マネジメントする人間を決めるべきだ」という発想がないケースも多いはずです。

その結果、全員が何を話し合えばよいのかさえわからないまま、とりあえず自部門の立場や都合を言い合うだけで何もまとまらず、結局はその場の空気で「まあ、こんな感じでやっていきましょう」という適当な締めの言葉で会議が終わってしまう。

こんな場面は、どの会社でもよく見られるはずです。

プロマネを決めないと、情報が錯綜して行き違いが起こる

なぜ、最初にプロマネを決めることが必要なのか。

そして、プロマネを決めないと、どんな問題が起きるのか。

その答えは、「コミュニケーションの混乱が起きるから」です。プロジェクトに参加する人数（＝n人）が多ければ多いほど、コミュニケーション・チャネルの数は加速度的に増えます。

メンバーが二人だけなら、チャネルの数は一本です。

■コミュニケーション・チャネルの計算方法

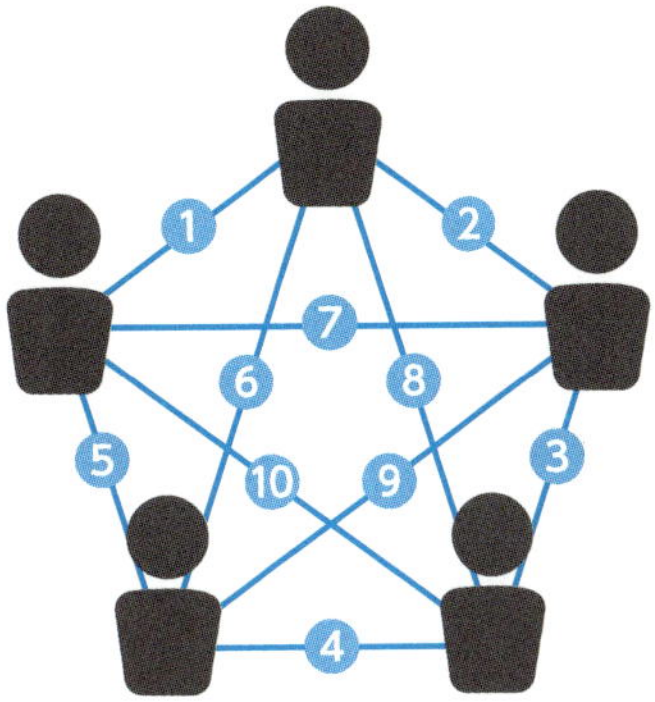

「人数 ＝ n人」とすると

「n（n － 1）÷ 2」（本）

例 5人⇒5×(5−1)÷2=10本

6人=15本、8人=28本、

10人=45本……

↓

人数が増えると、加速度的に増えていく

しかし、四人になると六本、五人なら一〇本とどんどん増えます。実はコミュニケーション・チャネルの数は「n(n-1)÷2」で計算できるので、メンバーが八人ならチャネルの数は二八（＝8×7÷2）本にもなります。

この状態で、メンバーそれぞれが情報の伝達をしたらどうなるでしょうか。

AさんがBさんに「この件、どうなった？」と聞いたら、Bさんは「Cさんがやってるはずです」と言い、Cさんに聞くと「Dさんが業者に発注済みだって言ってましたよ」と言い、Dさんに聞くと「あれっ、それはAさんがやるんじゃないですか？」と言う。

このように、全員の認識が少しずつズレていて、誰の情報が正しいのかわからない。

そんなコミュニケーションの混乱が起きている現場はいくらでもあります。

コミュニケーション・チャネルの数が増えれば、情報が錯綜《さくそう》して行き違いが起こるのは当然です。


でも、プロマネがいれば、状況はガラリと変わります。

プロマネが情報のハブになれば、コミュニケーション・チャネルの数は「n-1」(本)で済むからです。例えばプロマネを含めて八人なら、コミュニケーション・チャネルは七本になります(わかりづらければ、真ん中にプロマネを一人置いて、その周りに残りのメンバー七人を並べ、プロマネと各メンバーを線でつないだ図を描いてみてください)。

これなら、「わからないことがある時は、プロマネに聞けば最新の情報が確認できる」という状況になります。

メンバー同士が伝言ゲームのように少しずつ違った情報をやりとりすることもなく、常に全員がプロジェクトの最新の状況を共有できます。

様々な組織から人が集まるプロジェクトだからこそ、まずはプロマネを一人決めて、正しい情報共有の仕組みを作ることが重要なのです。

■なぜ「プロマネ」が必要か

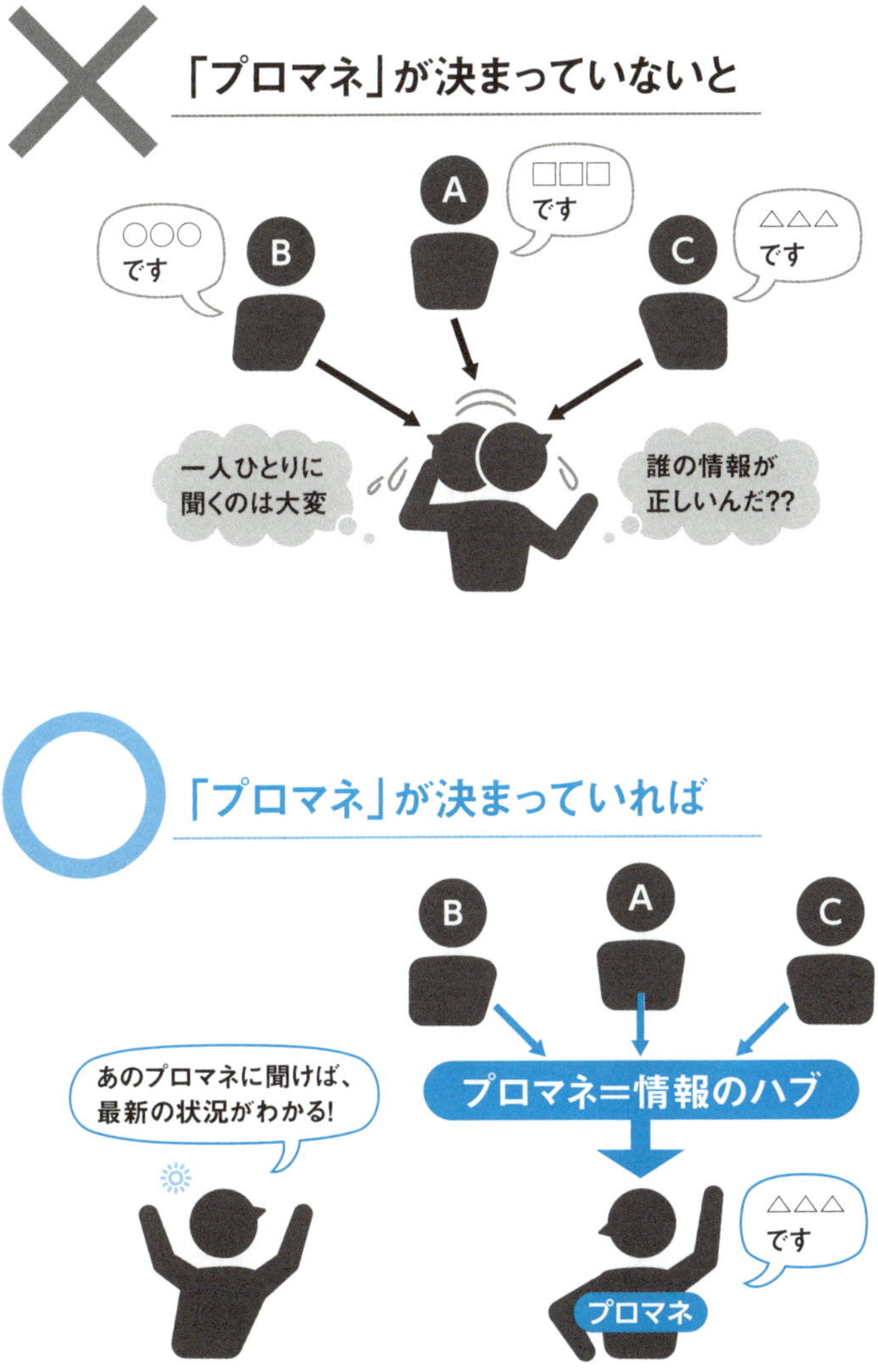
「プロマネ」が決まっていないと
A
□□□
です
B
○○○
です
C
△△△
です
一人ひとりに
聞くのは大変
誰の情報が
正しいんだ??
「プロマネ」が決まっていれば
B
A
C
あのプロマネに聞けば、
最新の状況がわかる!
プロマネ=情報のハブ
△△△
です
プロマネ

立ち上げ 2

プロジェクト・オーナーを明確にし、オーナーから話を聞く

ここからは、あなたがプロジェクト・マネジャーを務めることになったものとして、話を進めていきましょう。

はじめに、立ち上げの段階でプロマネが目指すべきゴールとは何かをはっきりさせておきます。それは、「チャーター」というものを作成し、「プロジェクト・オーナー」に承認をもらうということです。

チャーターについては後述しますので、まずはプロジェクト・オーナーについて説明します。

オーナーとは、プロジェクトの依頼人であり、最終決定権者のことです。

そして、オーナーからの委任のもと、プロジェクトを回していくのがプロマネです。

ソフトバンク時代の私の場合なら、孫社長がプロジェクト・オーナーであり、私がプロマネ

という関係になります。

プロジェクトは「品質」「納期」「コスト」の三つの要素で構成されると話しました。

そのバランスさえ取れていれば、プロジェクトは成立します。

そして、どうバランスを取るかは、最終的にはオーナーが決めます。

「品質を下げてでも納期を守れ」

「納期は延ばしていいから、コストは予算内に収めろ」

「予算をオーバーしてでも、品質は維持しろ」

オーナーがそう言うなら、それでいいのです。

何も「品質・納期・コスト」のすべてで一二〇%の完璧なアウトプットを目指す必要はありません。

極論すれば、どんなに品質が悪かろうと、予算がかかろうと、納期が遅延しようと、オーナーが「イエス」と言えば、それでOKだということ。プロジェクトが目指すゴールの高さは、オーナーの期待値によって決まるのです。

だからこそ、プロジェクトが始まる時点で、オーナーが明確になっていなければいけません。また、オーナーは絶対に一人であるべきです。

オーナーが明確になっていないプロジェクトは「さわるな、危険！」

ところが実際は、オーナーが複数いたり、そもそも誰がオーナーなのかはっきりしないことが少なくありません。

例えば、新しく自社のウェブサイトを作るというプロジェクトでも、「そもそもこれって情報システム部門の案件なの？　それとも経営企画部門かマーケティング部門から降りてきたの？」といったように、**誰が依頼人であり、最終決定権者なのかがわからない**ことは珍しくありません。

この状態でプロジェクトをスタートさせるのは、非常に危険です。**必ずどこかの時点で泥沼化し、デスマーチに突入する**のは目に見えています。

なぜなら、組織で物事を進めるには、意思決定の権限を持った人間が不可欠だからです。前章でも紹介した、社内コンペによる新規事業プロジェクトの失敗例を見れば、それがよくわかります。

ビジネスプランの発案者をプロマネとしてプロジェクトがスタートした時点では応援してく

■オーナーは「1人」が鉄則

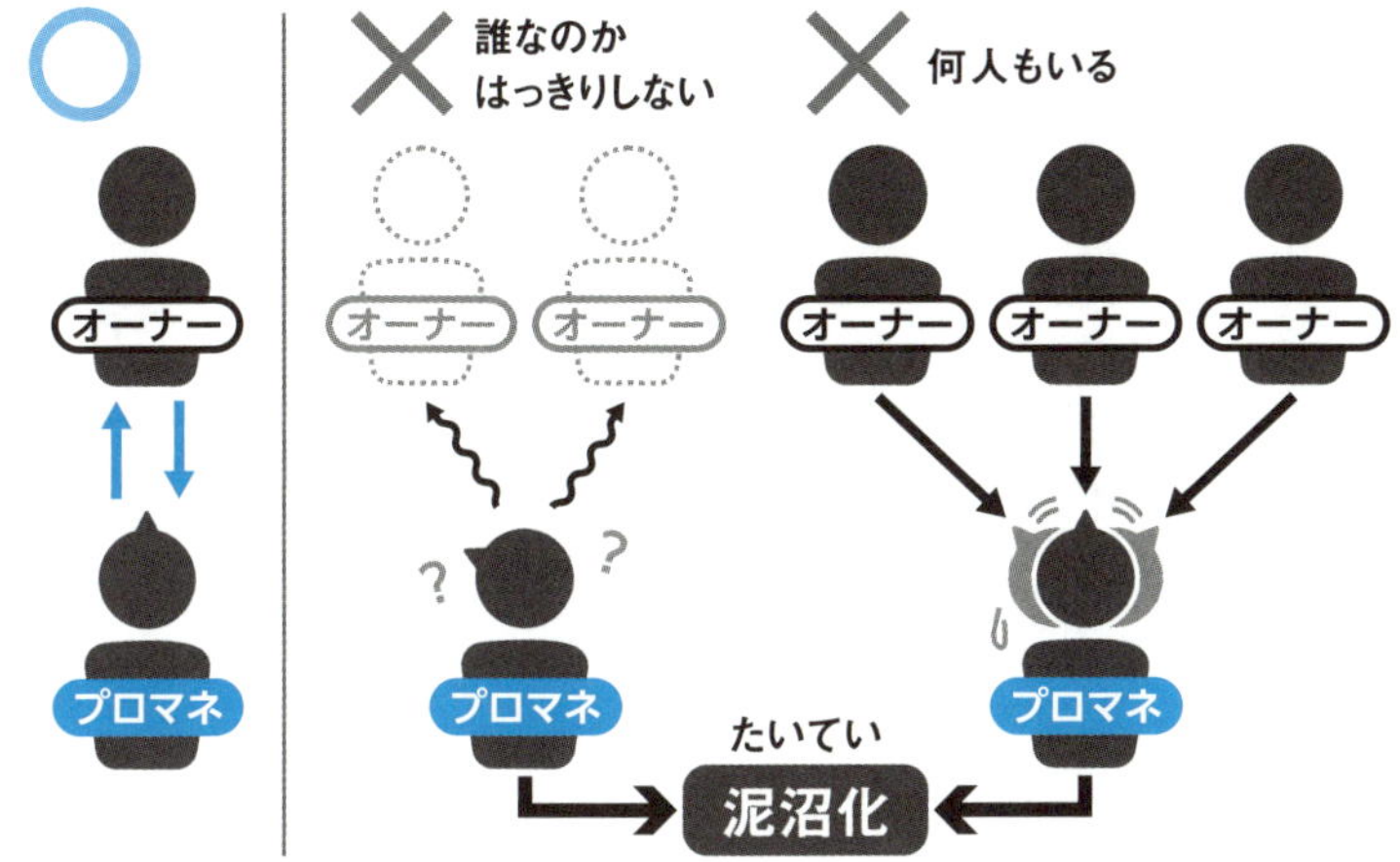

れた役員たちが、うまくいかないことが発生した途端に逃げていってしまう。残されたプロマネは何の権限も持たないので、人や予算を動かせず、そのままプロジェクトは泥沼化、ないしはフェードアウトしていってしまう。

権限を持ったオーナーがいないと、プロジェクトはこんな末路を辿《たど》るしかありません。

それ以上に最悪なのが、〝オーナーらしき人〟があちこちに存在する場合です。

「情報システム部門の本部長がA案で行けと言ってます」

「でも、サービス企画部門のトップはB案がいいと言ってますよ」

「待てよ、専務はC案にしろと言ってるぞ」

こんなふうにあちこちから鶴の一声が飛んできて、現場は収拾がつかなくなります。

「プロマネ＝プロジェクトの責任者」にあらず

確かに、組織の中にはこの件に関わる部門の責任者やリーダーが複数いるでしょう。だからこそ、「誰が最終決定権者なのか」を明確にしなければ、その人たち全員が無責任にあれこれ口を出すことになります。

オーナーは意思決定する権限を持つ代わりに、何かあった時は責任を負う立場でもあります。ここが非常に重要な点です。

「プロジェクト・マネジャー＝プロジェクトの責任者」だと考える人が多いのですが、それは大きな間違いです。

プロジェクトに関するすべてに**最終的な責任を負うのは、プロジェクト・オーナー**です。

プロマネは、オーナーが期待する「品質・納期・コスト」を達成するための現場を回す役割であり、あくまで実務者の一人です。

ところが実際は、プロマネに責任まで負わせようとするプロジェクトが後を絶ちません。

自分は権限を持たず、必要な人材や予算などのリソースも配分してもらえないのに、責任だけは取らされる。それを回避しようと、プロマネ自身が大量の仕事を抱え込み、心身をすり減らした挙句、プロジェクトも失敗する。

日本のプロジェクトの多くがこんな負の構造に陥っているのは、プロジェクト・オーナーを決めて、プロマネの役割と切り分けないからです。

立ち上げ段階の一ステップ目でプロマネを決めたら、次はプロジェクト・オーナーが誰かを明確にすること。

これが、プロジェクトを成功させるための鉄則です。

私がソフトバンク時代に任されたプロジェクトはどれも目指すゴールの水準が高く、大変なものばかりでした。

ただ、孫社長という明確なオーナーがいたことで、プロマネとしては助かった面も多かったと感じています。

孫社長は何をするにしても、真っ先に明確なゴールを設定します。

「九月一日に新しい料金プランをマスコミに発表する！」

このように、絶対に動かせないゴールを決めてしまうので、プロジェクトに関わる人間は全員がそこへ向かって全力で走るしかありません。

たいていは信じられないほど短い締め切りを設定されるので、それを実行するのは大変ではありましたが、最初から「オーナーが求める品質・納期・コスト」がはっきりしていたという点では、プロマネである私も現場を回しやすかったのは事実です。

何となくプロジェクトが始まり、ダラダラと進んでは途中で止まる、といった非生産的な仕事はソフトバンクでは許されません。

孫社長という強烈なオーナーの存在が、そうさせない風土を作っていたのです。

どうしてもオーナーを一人に絞れない場合もある

オーナーが明確になったら、プロマネはまずオーナーにヒアリングをしてください。

そして、プロジェクトの目的や目指すゴール、予算の上限や希望する納期などを聞き出します。

ヒアリングの目的は、後ほど説明する「チャーター」を書くことです。九六ページで、チャーターに入れるべき項目を紹介するので、それに沿って聞けば抜け漏れがありません。

なお、先ほどオーナーは絶対に一人にすべきだと話しましたが、現実にはどうしてもオーナーを一人に絞れないことがあります。

例えば複数の企業でジョイントベンチャーを立ち上げる場合は、それぞれの企業のトップがオーナーになります。

私がプロマネを務めた日本債券信用銀行（現・あおぞら銀行）買収プロジェクトでは、ソフトバンクの孫社長、オリックスの宮内義彦会長（当時）、東京海上火災保険の樋口公啓《こうけい》社長（当時）の三名がオーナーでした。

また案件によっては、会社の代表として参加しているのはクライアント企業の担当者だが、実は最終的な意思決定権を持つオーナーはその人の上司で、こちらが直接やりとりできないといったケースもあります。

さらには、オーナーが誰かははっきりしているものの、オーナー自身がプロジェクトの明確なゴールイメージを持っていない場合もあります。

こうした場合の対処法については、第5章で詳しく説明します。

立ち上げ3

最速で最低限の知識を身につける

オーナーにヒアリングをしたら、それをもとに品質・納期・予算などの要素を具体的に詰めていきます。

実際には、オーナーから指示を受ける形になることが多いと思いますが、その場合も曖昧な部分を残さないように、「アウトプットの品質はこのレベルでいいですね？」などと随時確認を行なってください。

こうして聞き出したことをまとめて、オーナーに承認をもらうことが立ち上げ段階のゴールになるので、**相手の認識と自分の認識にズレがないかをチェックしながらヒアリング**をすることが大事です。

ただし、ヒアリングをしても、オーナー自身が「どれくらいの予算や人員が必要なのか」「自社のリソースだけでどの程度の品質を目指せるのか」といったことがよくわかっていないことがあります。

多くの場合、**オーナーは権限はあっても実務者ではない立場の人が多いので、現場のことは知らない**ことがほとんどです。

またプロマネ自身も、オーナーが期待する品質・納期・予算を達成するには、どれくらいの工数や時間が必要なのかがわからないこともあります。

そもそも通常業務と違い、プロジェクトは今までにやったことがない独自のプロダクトやサービスを創造するのが目的ですから、最初から何もかもわかっている人間などいなくて当たり前と考えるべきでしょう。

だからこそ、理解できないことをそのままにして、何となくスタートしてしまうのは危険です。後になってオーナーが「実際にでき上がったものを見たら、これじゃない気がする」などと必ず言い出すからです。

そうなれば、手戻りや二度手間が発生する原因になります。

プロマネとしては、それだけは回避しなくてはいけません。

そこで必要となるのが、「お互いによくわからない」という状態を解消し、自分たちが目指すゴールについて仮説を立てることです。

前例のないことはやってみないとわからないので、この段階ではあくまで仮説で構いません。ただし、**仮説を立てるにしても、ある程度の妥当性は必要**です。

「競合他社のサイトと同じ品質のウェブサイトを作るなら、予算はこれくらい必要です」

「前回、自社サイトをリニューアルした際の納期はこれくらいだったので、今回も同じくらいの時間がかかると考えられます」

このように、他社や過去の事例といった裏付けとなる情報や知識を踏まえた上でオーナーと交渉すれば、具体的な品質・納期・予算の目標も決めやすくなります。

オーナー側も事例や数字などを示されれば、目指すゴールのイメージが明確になるので、「自分はこれくらいの品質を求めたい」といった期待値も提示しやすくなります。

こうして**最初にオーナーとプロマネの間でゴールイメージを共有することが、後々になって手戻りを発生させないための重要なカギ**です。

情報や知識を仕入れる前に〝あたり〟をつける

では、仮説に妥当性を持たせるためにはどうすればいいか。

それには、プロマネが最低限の情報や知識を身につける必要があります。

ただし、すでにプロジェクトは立ち上げ段階に入っているので、勉強に時間をかける余裕はありません。あくまで最短の時間で、仮説を立てるのに必要な基礎的な要素をざっと押さえればいいと考えてください。

本を読んだり、専門家に話を聞いたりすれば、最低限の知識を最速で身につけることは可能です。

とはいえ、**何の情報も持たず、まったくのゼロベースで専門家の話を聞いても、「そもそも自分にとって何が必要な情報なのか」の見極めができません。**確認したいポイントがわからなければ、適切な質問をすることもできません。

よって、まずは自分なりにベンチマークや指標になるものを見つけることが重要です。

新しいウェブサイトを作るプロジェクトを任されたのなら、競合他社のサイトをひと通り見れば、世の中の標準的な機能やデザインのレベルを把握できます。

その上で外部のウェブ制作会社を呼んで話を聞けば、「デザインはA社と同じくらいシンプルにして、B社と同じ機能をつけた場合、予算と納期はどれくらいですか」といった具体的な質問ができます。

このように、情報や知識を仕入れる前に〝あたり〟をつけておけば、自分のプロジェクトにそのまま役立つ生きた知識を得ることができるわけです。

参考図書はネット書店ではなく、大型のリアル書店で探す

本を読むのも、あたりをつけるための有効な手段です。

一つのテーマについて全体像を把握したいなら、紙の本を読むのが一番速いからです。

紙のメリットは、一覧性があることです。

まず目次を見て、パラパラとめくりながら斜め読みすれば、全体の構造をだいたい把握できます。物事の本質を瞬間的に理解するには、紙の本に勝《まさ》るものはありません。

本を探す時は、まずリアルの大型書店に足を運ぶことをお勧めします。

そして、**自分が知りたいテーマの棚へ行って、そこに並んでいる本を片っ端から手にとって、ざっと目を通してください**。時間がなければ、目次だけ読み比べてもいいでしょう。

そうすれば、自分が本当に必要としている情報や知識がまとまっているのはどの本か判断できます。

インターネット書店では、この読み比べができません。他人の評価が高くても、自分にとって役立つとは限らないので、どうしても自分で手に取って読み比べてみる作業が必要です。

そしてこれだと思った本を購入し、まずはざっと全体に目を通しながら、自分が知りたいこ

とやプロジェクトに役立ちそうな箇所に付箋《ふせん》を貼っていきます。
あとは付箋のところをじっくり読み込めば、最短の時間で必要な知識をインプットできます。

私がソフトバンクから独立後、内閣府の原子力対策本部で廃炉・汚染水対策チームのプロジェクトマネジメント・アドバイザーを務めた時も、真っ先に書店へ走りました。

ソフトバンク時代のプロジェクト・マネジャーとしての実績を買われて、「汚染水処理プロジェクトが迅速に進むようアドバイスしてほしい」と依頼されたのですが、この業界について私はまったくの門外漢です。

どうやら現場の施工管理に問題があるらしいということはわかったので、私は早速書店へ行き、「施工管理」の棚の本を何十冊も見比べました。

その結果、自分が知りたいことが最も簡潔にまとまっているのは「土木施工管理技術検定」という資格試験のためのテキストだと結論を出しました。

そして、同種のテキストを三冊ほど買い込み、付箋を貼りながらものすごい勢いで目を通し、施工管理についてひと通りの基礎知識を頭に入れてからプロジェクトのキックオフミーティングに参加しました。

おかげで自分にとって未知の分野のプロジェクトだったにも関わらず、現場の施工管理でボトルネックになっていた課題を現場で見つけ出し、改善策を示すことができたのです。

孫社長は、まず内輪の人間との議論から始める

本からのインプットだけで足りない要素は、専門家にも話を聞きました。

私はソフトバンクの前に三菱地所で働いていたので、施工管理部門にも知り合いがいます。そこで彼に連絡をとって施工管理の現場を見学させてもらいながら、人材配置の仕方や図面の管理法などを教わり、実務的な知識を学びました。

本はインプットのツールとして非常に優秀ですが、実際の現場からしか得ることができない情報や知識もたくさんあります。プロマネとして生きた知識を習得したいなら、現場をよく知る専門家に話を聞いたり、実際の現場を見せてもらったりすることも大切です。


いきなり外部の人に話を聞くのはハードルが高いなら、まずは社内や身近な人間と話してみるだけでも、様々な気づきを得ることができます。

これは孫社長もよく実践していた方法です。

頭の中にやりたいことはあるが、まだゴールが明確に定まっていない。そんな時、孫社長は

私を含む社長室のメンバーや経営戦略担当の幹部などを相手にディスカッションを始めます。

孫社長が「こんなこと考えてるんだけど、どうかな」「こういうやり方もあるよね」といったラフなアイデアをこちらに投げてくるので、私たちがそのボールを打ち返すうちに、次第に孫社長の中で論点がはっきりしてきます。

そのうち「次は経理の担当を呼ぼう」「次は法務の人間も入れよう」と言って、どんどん議論の相手を増やしながら論点を整理し、社外の専門家が必要だとわかったら、投資銀行の担当者や税理士などを呼んでさらに詳しく話を聞きます。

こうして仮説を作り上げていくのが孫社長のやり方でした。まずは内輪の人間を相手に議論するだけでも、ゴールのイメージを明確にするための大きな手助けになります。

このように、初めての仕事やジャンルでわからないことだらけだったとしても、最速で最低限の知識や情報を得る手段はたくさんあります。

大事なのは、プロマネになったからにはわからないことをそのままにせず、オーナーと交渉できるだけの知識と情報を仕入れるために行動することです。

「ゴールのイメージが曖昧なまま、なんとなく始める」ということだけは絶対に避けるべきだと心得ましょう。

立ち上げ4

プロジェクトのステークホルダーをもれなく把握する

ステークホルダーとは、利害関係者のことです。

一般的には株主や顧客、自社の従業員や仕入先・取引先、地域社会や行政機関など、企業の経営活動に関わる人すべてを指します。

では、プロジェクトにおけるステークホルダーとは誰かといえば、次のような人たちが想定されます。

- **プロジェクト・オーナー**
- **プロジェクト・マネジャー**
- **プロジェクト・メンバー**
- **メンバーの上司である機能部門のマネジャー**
- **他部門**

■「ステークホルダーの見落とし」が手戻りを生む

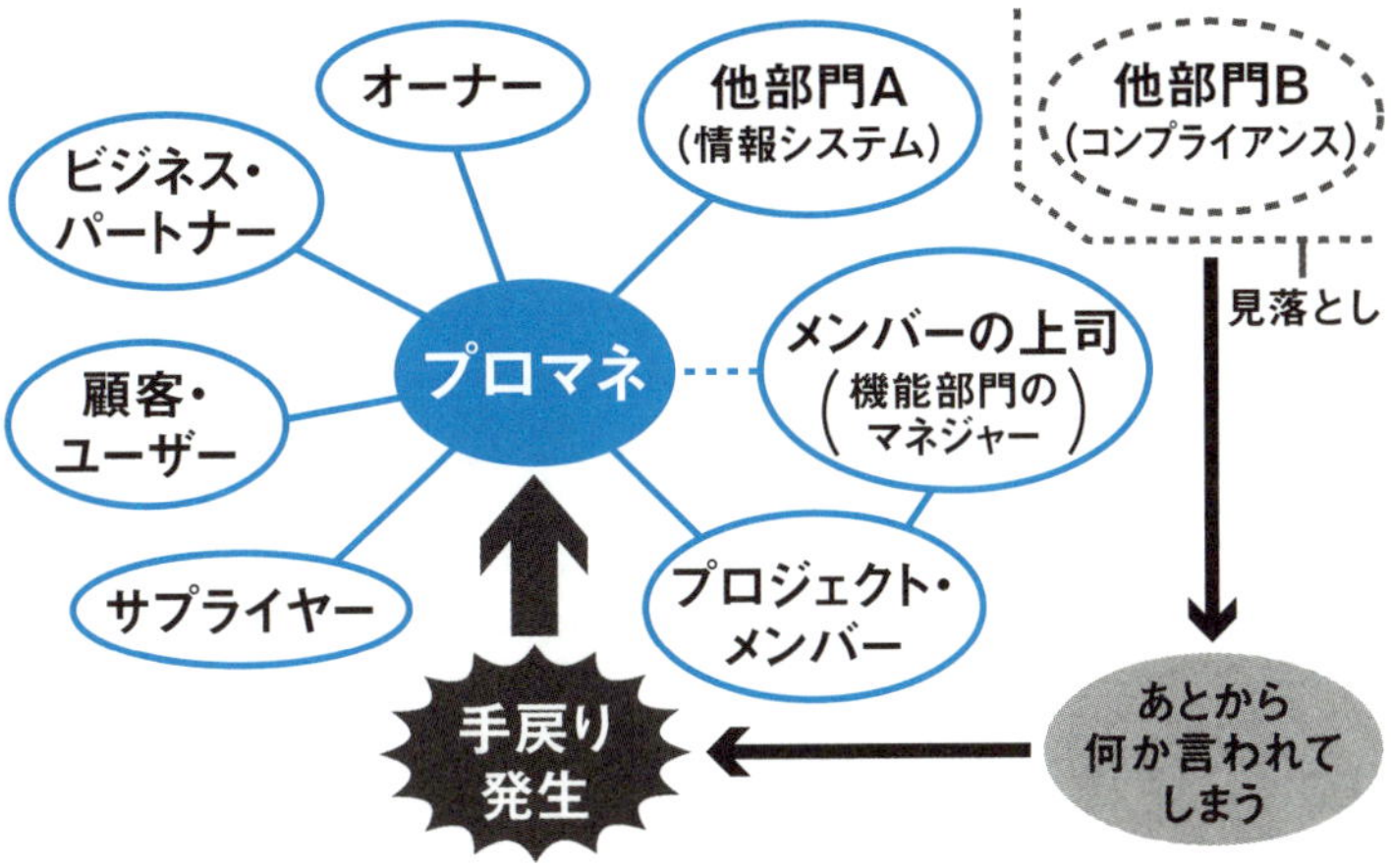

・**ビジネス・パートナー**
・**サプライヤー**
・**顧客・ユーザー**

このように、プロジェクトに関わる人は多岐《たき》にわたります。だからこそ、立ち上げ段階で「このプロジェクトのステークホルダーは誰か」を明確にすることが重要です。

もし見落としているステークホルダーがいたら、後になって思いがけないところから口出ししてくる人が現れる可能性があるからです。そうなれば、たちまち手戻りが発生します。

例えば、「他部門」のステークホルダーで、重要なのがコンプライアンス部門です。

プロジェクトで扱うテーマ自体には直接関係がな

くても、商品やサービスのリリース間際になって、コンプライアンス部門からチェックが入ることはよくあるからです。

おもちゃの会社が新商品を開発し、あとは工場で製造するだけという段階になって、「この仕様だと誤作動が発生して子どもが指を切る可能性があるから、この部品の接続部分を改善しなくてはいけない」などと言われたら、それこそ大変です。

すでにおもちゃを製造するための金型を業者に発注済みで、それが数百万円、あるいは一千万円単位のものだったら、そのコストは丸々ムダになります。

恐ろしい話ですが、似たようなことはあらゆる企業で起こっています。

想定外のステークホルダーに「ちゃぶ台返し」をされないために

あるいは、プロジェクトそのものに反対していた他部門のトップが、後になって「うちの部門は同意していない」などとちゃぶ台返しをすることもよくあります。

社長や専務に言われて、プロジェクトにはその部門の担当者を渋々参加させたものの、内心ではやりたくないので、何かと理由をつけては協力を拒《こば》もうとする。

こんなステークホルダーも存在します。

プロマネとしては、「その部門のメンバーがプロジェクトに参加しているのだから大丈夫だろう」と考えがちですが、組織では「部下はあくまでも上司の代理である」という事実を忘れてはいけません。

なかには「このプロジェクトについては、お前に一任するよ」と権限を譲る上司がいないわけではありませんが、たいていはその**メンバーがもともと所属している部門の上下関係がプロジェクトにも大きく影響する**ことを、最初から想定すべきです。

よって、ステークホルダーは最初の時点でもれなく把握しておくこと。

これが、その後のプロセスを円滑に進めるコツです。

プロジェクトの「チャーター」を書く

いよいよ、ここまで何度か触れてきた「チャーター（charter）」を作成します。

チャーターとは、PMBOKで使われている用語です。PMBOKでは「憲章」という言葉に訳されていますが、私としては「権限委譲証明書」のようなものと理解しています。

プロマネはチャーターを書いてプロジェクト・オーナーに示し、オーナーから認可を受けます。つまり、「オーナーである自分が持っている権限を、プロマネであるあなたに与えます」というお墨付きをもらうということです。

通常業務であれば、権限のありかは明確です。プロダクトのことなら製造部門のトップが、経費のことなら経理部門のトップが、ITのことならシステム部門のトップが権限を持つというように、縦のラインで権限の所在が決まっています。

しかし、組織を横断して立ち上がったプロジェクトや、外部の組織や個人が参加するプロジェクトでは、そのままでは権限のありかがはっきりしません。

そこで、誰かに権限を一括で委任する必要があります。

もちろん、その役目を任されるべきなのはプロマネです。

そこで、プロジェクトの依頼人であり、最終決定権者であるオーナーに「私はこのような権限の委譲を求めます」と示すチャーターを書き、オーナーからも「わかりました。これらの権限はあなたに委《ゆだ》ねます」と、書面を介して了承を得ることが必要です。

チャーターがあれば、他のステークホルダーにも「私はオーナーから権限を委譲されました」と示すことができます。また、オーナーに対しても「私が一任されたのだから、ちゃぶ台返しはできませんよ」と釘《くぎ》をさすこともできます。


では、チャーターには具体的にどんな内容を盛り込めばよいのでしょうか。

それは、次ページの七項目です。

これは私のプロマネ経験をもとに、「これだけは最初の時点で、オーナーから了承をもらっておくべきだ」という要素を整理したものです（したがって、ＰＭＢＯＫでの定義とは同一ではありません）。

①プロジェクトの目的・ミッション、ゴールイメージ、求められる成果物
②プロジェクト・オーナー名、プロジェクト・マネジャー名
③ステークホルダー一覧
④数値でチェックできる目標と関連する成功基準
⑤前提条件
⑥スケジュール（納期）とマイルストーン
⑦予算

ここでは、私の会社が運営する英語学習サポート事業「トライズ」の、「新しいコンサルタントを募集するためのウェブサイト作成プロジェクト」を例にとって説明しましょう。

①「トライズのサービスは、英会話業界の〝ベンツ〟です」というメッセージが伝わるウェブサイトにする

これを伝えるのがサイトを作成する目的・ミッションであり、ゴールイメージです。

単に人が集まればいいわけではなく、「価格は高いが最高品質のサービスを提供する」という理念が伝わり、それに共感した人が応募したくなるサイトを作ってほしいというのが、オー

ナーである私が求める成果物のイメージです。

このように、「プロジェクトが何を目的とし、どんなゴールを達成し、どんなアウトプットを求めるのか」をチャーターに書きます。

②プロジェクト・オーナー：三木雄信／プロジェクト・マネジャー：山田太郎（仮名）

この場合は私がオーナーです。また、このプロジェクトを回す統括者である社員が自分の名前を明記します。

③オーナー、プロマネ、人事担当、センター長、ウェブサイト制作会社

前項で説明した通り、この件に関わるステークホルダーをすべて書き出します。

④目標：月次でコンサルタントを一〇〇人採用／関連する成功基準：月次で応募者が一〇〇〇人

このプロジェクトで達成すべき目標と、成功するために目安となる基準を書きます。

最終的に一〇〇人採用するのが目標でも、それだけでは不十分です。過去の実績から判断して、「応募者一〇人に対して、採用されるのは一人」なのであれば、「毎月一〇〇〇人は応募がないと、ゴールを達成できない」とわかります。目標を明確にするのはもちろんですが、その手前のプロセスで目指すべき数値や指数が必ずあるはずなので、それもチャーターに書きます。

⑤VERSANTのスコアが△△点以上

プロジェクトの目的やミッションを達成するための前提条件を書きます。

この「VERSANT」というのは、スピーキング力を測定するテストです。トライズは「一年で英語を話せるようになる」というサービスを提供しているので、コンサルタントも英語のコミュニケーション力が必須となります。よって、前提条件として応募者に備えておいてほしいスキルを明記します。

⑥スケジュール(納期):ウェブサイトは十月二十日公開/マイルストーン:ウェブサイトのラフ案を九月二十日までに提出

最終的な締め切りと、そこから逆算して達成すべきマイルストーン(遅延が許されないような重要な通過点)を書きます。

⑦三〇〇万円

最後に、予算を明記します。

立ち上げ6

チャーターをオーナーに見せ、承認を得る

チャーターを紙にまとめたら、それをオーナーに見せます。

この時、前項で挙げた七項目のうち、特に「①プロジェクトの目的・ミッション、ゴールイメージ、求められる成果物」についてオーナーの意向やイメージをできる限り正確に把握し、確実に了承を得ることが、その後のプロセスで手戻りを発生させないために極めて重要です。

そのための一つのコツとして、その時点での粗いもので構わないので、**アウトプットの「全体像」がつかめるような材料を同時に提示する**とよいでしょう。

例えばウェブサイトを作るのであれば、デザインのイメージを起こした手書きのラフ案でもいいですし、ダミーの写真や素材を切り貼りして作った絵コンテでも構いません。あるいは、他社のサイトをサンプルとして見せて、「ベンツのサイトのような高級感あるクオリティにしたい」といった伝え方でもいいでしょう。

とにかく完璧なものでなくていいので、ひと目見てアウトプット全体のイメージがつかみやすいものをオーナーに示すことが大事です。そうすれば、オーナーもすぐチャーターにＯＫを出すことができます。

これがワード資料だけで「カラフルで女性受けするデザインに、ユーザビリティの高い入力フォームを備えたサイト」などと書かれても、具体的な完成イメージはさっぱり湧きません。

また、一部分だけを見せて説明するのも危険です。

「この写真を使うのはＯＫしたが、サイトのデザインがこんなふうになるとは聞いてないぞ」

このように、**「この部分は了承したが、全体は了承していない」という行き違いが起こる**のも避けなくてはいけません。そのためにも、やはりチャーターを示す時は、同時にアウトプットの全体像を伝えることが必要なのです。

私もソフトバンク時代は、孫社長の鶴の一声を回避するため、立ち上げ段階で可能な限り全体像を見せることを徹底していました。

例えば「Ｙａｈｏｏ！ＢＢ」プロジェクトでは、次々と新しいサービスを打ち出し、あらゆるキャンペーンを展開したので、サービスの仕様書や発注書一つとっても、毎月のように変更

■オーナーに説明するときのポイント

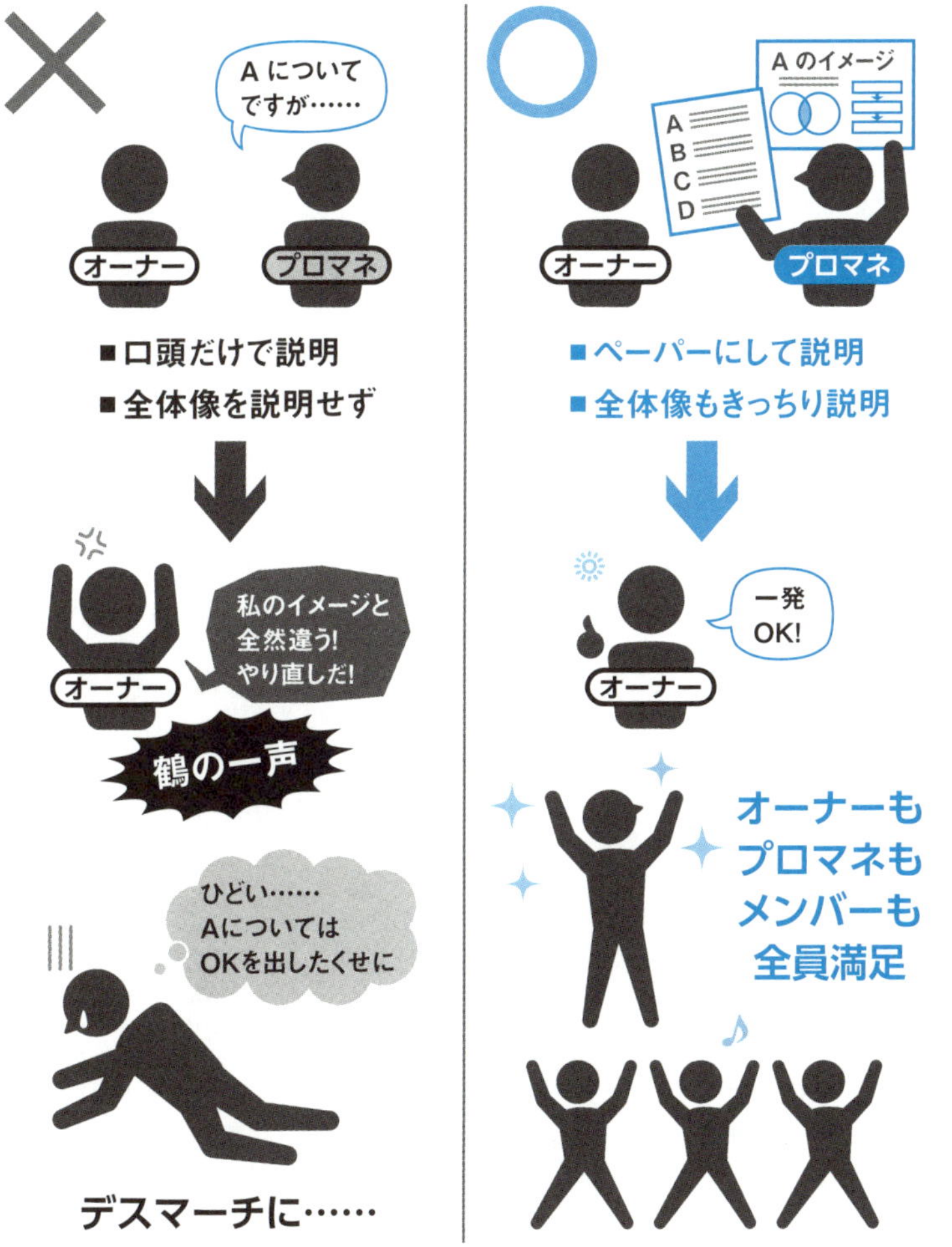

する必要がありました。

これだけ頻繁に孫社長に了承を取らなくてはいけないとなると、書類を作る側も確認する側も見落としや抜け漏れが発生しやすくなります。実際にある時期までは、「こんなことは仕様書に書いてなかったから対応できない」といったトラブルが現場で頻繁に起こっていました。

そこで私は、これまでトラブルになった要因を踏まえて、書類をすべてフォーマット化しました。「この書類にある欄を全部埋めれば、全体を網羅《もうら》できる」というフォーマットを作り、あらゆる事態への対応を書き出した上で、孫社長の了承をとるようにしたのです。

サービス仕様書に返品についての対応が記載されていなかったために、返品が発生した時に現場で大きなトラブルになったことがあるなら、最初から仕様書に返品の欄を作り、「返品が発生したら、指定の箱に入れて回収する」と記載します。

そうすれば、現場があらゆる事態に対応できるのはもちろん、後になってオーナーから「俺は返品については聞いてないぞ」といった鶴の一声が飛んでくることも防げます。

チャーターを作成し、オーナーに提示する時は、「部分ではなく、全体を見せる」を鉄則にしてください。そして「この通りにやるので、私に権限をください」と伝え、チャーターを了承してもらいます。チャーターを交わすことは、いわばオーナーとプロマネの間で契約を交わすのと同じです。鶴の一声を防ぐために、これほど強力なものはありません。

立ち上げ7

ステークホルダーを全員集め、キックオフを開催する

オーナーとチャーターを交わしたら、それで立ち上げは終わり、ではありません。

ある意味、最も重要な儀式がまだ残されています。

それは、ステークホルダーを集めてキックオフミーティングを開くことです。

ここで重要なのは、何が何でもステークホルダー全員を集めることです。

「立ち上げ④」で洗い出した人は、もれなく出席してもらいます。

もちろん、オーナーも必ず呼んでください。

「オーナーが出てくると面倒だ」と考えて、わざとキックオフに呼ばないプロマネがいますが、それは論外です。

オーナーとプロマネがステークホルダーの前に並ぶからこそ、「プロマネはオーナーから権限を委譲された」という事実を全員が納得します。

プロジェクトには直接参加しない機能部門のマネジャーや他部門の人間も呼んで、オーナーとプロマネの関係性を理解させれば、途中で無責任な口出しをすることもなくなります。「オーナーが最終決定権者であり、その権限をプロマネに委譲した」という事実を全員にはっきりと伝えるためにも、キックオフミーティングにはステークホルダーを全員集めることが必要です。

全員参加のキックオフミーティングを開くメリットはまだあります。

それは、タスク出しができることです。

「このプロジェクトを進めるにあたって、懸念されることや心配なことがあれば、何でも言ってください」

そう言えば、内心では反対している人ほど「このやり方ではうまくいかない」「これでは納期に間に合わない」といった意見を出してくれます。

プロマネとしては、「なるほど、ここさえ改善すれば、この人が後からちゃぶ台返しをすることはないな」とわかるので、大変助かります。

もう一つのメリットは、ミーティングに参加してもらえば、その人もプロジェクトの当事者になることです。自分もその場にいて、あれこれ意見を出したのだから、「部下はそう言ったかもしれないが、自分は聞いていない」といった言い訳はもうできません。

できればステークホルダーには、立ち上げ段階のミーティングだけでなく、プロジェクト中に行なわれる定例会にも毎回出席してもらうのがベストです。

それに、ステークホルダーはそれぞれが専門領域を持ったプロフェッショナルです。

プロマネは専門家の話を聞いて最低限の情報や知識を身につけるべきだと話しましたが、ステークホルダーから意見を聞くことも重要です。コンプライアンス部門をミーティングに招いて、「このプロジェクトを進めた場合、コンプライアンスの観点から懸念されることはありませんか？」と聞けば、非常に有意義な情報が得られます。

ステークホルダーを「口出しするやっかいな存在」と考えるのではなく、立ち上げ段階から仲間として巻き込んでしまえば、これほど心強い味方はありません。

タスク出しについては、次の章でも具体的に解説します。

キックオフの時、プロマネはその力量を必ず値踏みされている

最後に、立ち上げ段階でのプロマネの心構えを一つアドバイスしておきましょう。

キックオフの時、プロマネは必ずメンバー全員から値踏みされます。**「このプロマネについていって、本当にプロジェクトが成功するのだろうか」**と、マネジメント能力を探られていると思って間違いありません。

キックオフの段階で「このプロマネは頼りない」と思われたら、「どうせこのプロジェクトは失敗するかもしれないから、多少手を抜いてもいいだろう」「どうせ手戻りが発生するだろうから、適当なアウトプットを出しておけばいい」などと考えるメンバーが必ず出てきます。

ですから、メンバーに全力を発揮してもらうには、**最初の時点で「このプロマネなら成功できそうだ」という雰囲気を醸《かも》し出す必要があります。**最低限の知識を身につけたり、オーナーから権限を委譲してもらって堂々と振る舞うことは、そのための準備でもあるのです。

メンバーから信頼を得られれば、プロジェクトが始まってからも関係者が快く協力して動いてくれるので、円滑に物事が進んでいきます。

この章の最初に言ったことを、ここでもう一度繰り返します。

「立ち上げの段階で、プロジェクトの勝負はほぼ決まる」

プロマネになったらこの言葉を肝に銘《めい》じて、手を抜くことなく、しっかりとプロジェクトを立ち上げてください。

第3章

ゴールへの最短最速ルートを「プランニング」する

「タスク出し」と「スケジューリング」7つのポイント

立ち上げ段階におけるプロジェクト・オーナーとのやりとりで、プロジェクトのゴールが明確になりました。

次のステップは、そのゴールに最短最速で到達するためのルートを「プランニング」することです。

具体的には、タスク出しやスケジューリング、メンバーへの割り振りなどを行ないます。

すべてのタスクを把握し、アウトプットを定義し、それぞれのタスクの担当者を決める。

この作業をしっかりやらないと、実際に動き出してから仕事の手戻りや二度手間が発生する原因になります。

スケジュールを立てる上で、知っておくべき「依存関係」や「クリティカルパス」などの考え方もご紹介しましょう。

また、タスクをメンバーに割り振ったものの、その通りに仕事をしてくれなかったり、想定していたものとは違うアウトプットが出てきたりすることがあります。

プロマネにとっては、こうした状況ほど頭の痛いものはありません。

そこで、プロジェクトの初期段階でよく起こりがちなトラブルを防ぐコツも紹介します。

この章を読めば、あなたが抱えているスケジューリングやタスク管理に関する悩みは解消できるとお約束します。

プランニング1

タスクをすべて書き出し、WBS（Work Breakdown Structure）を作る

では、二つめの段階である「プランニング」について説明します。

ゴールまでに「やるべきタスク」をすべて洗い出し、それぞれの担当者と納期を決め、各メンバーに割り振り、全体のスケジュールを立てる――。

ここまでが、プランニングの段階でやるべきことです。

プランニングで一番大事なことは、**できるだけ早い段階で、すべてのタスクをもれなく出してしまう**ことです。

プロジェクト・マネジメントの世界では、タスクを書き出すことを「WBS（Work Breakdown Structure）を作る」という言い方をします。

これは、プロジェクトのゴールに到達するためにやるべき作業（Work）を、できるだけ細

かく分解して（Breakdown）、さらに分類や構造化（Structure）したものです。……というと難しく聞こえるかもしれませんが、専門スキルがなくても大丈夫です。

ここからは、具体的なタスク出しのやり方について説明しましょう。

前章でお話しした通り、プロジェクトのスタートであるキックオフミーティングで関係者を集め、メンバー全員で一緒にタスク出しをするのがベストです。

プロマネが一人でタスク出しをすると、必ず抜けや漏れが発生します。

なぜなら、プロマネがプロジェクトについて、すべてを知ることはできないからです。

プロジェクトのテーマについて立ち上げ段階で最低限の知識は身につけたとしても、個別の分野について何もかも把握することはできませんし、する必要もありません。

プロジェクトは様々な分野の専門家が集まり、それぞれのスキルや経験を発揮して、集団で一つの目的を達成するための仕組みです。

ＩＴのことなら情報システム部門、リスク対応ならコンプライアンス部門、経費の管理のことなら経理部門と、メンバーを含むステークホルダーはそれぞれが専門領域を持ったプロフェッショナルですから、自分だけで考えるより、その人たちの知恵を借りるほうがずっと速いし確実です。

「ゴールまでにやるべきタスク」をすべて書き出し、分類・構造化する

私もプロマネを任された時は、必ずキックオフミーティングでタスク出しをします。

いつもやることは、次の通りです。

まず、全員に正方形の付箋を渡します（裏面が全面のりになっているものがお勧めです）。そして、**「ゴールまでにやらなければいけないこと（タスク）を、すべて書き出してください」**「今気づいている課題や今後課題になりそうなこと、またその課題に対処するためにすべきことを、何でもいいので全部書き出してください」などとお願いします。

タスクに関しては、できるだけ細かく書いてもらうようにしましょう。

例えば、「新商品キャンペーンの企画書作成」という一つのタスクでも、それを行なうために「商品企画部の担当者からのヒアリング」「競合商品のキャンペーンのリサーチ」「キャンペーン予算の確認」などが必要であれば、それも付箋に書いてもらうようにします。

付箋にタスクや課題を書き出してもらったら、それをホワイトボードにすべて貼っていきます。重複するものが出てきた場合は、同じタスクの上に重ねてしまいます。

一方、関連するものや、似たようなものがあった場合は、付箋を一箇所にまとめていきます。

「これとこれはアプリケーション開発の納期の問題だよね」

「これとこれはユーザーの個人情報管理の話だな」

こうして分類していくと、いくつかの付箋の塊《かたまり》ができます。

そうしたら、さらに**フィッシュボーン（魚の骨）チャート的に整理**していきます（左図を参照）。整理の仕方はべつにフィッシュボーンチャートでなくてもいいのですが、「構造化」できることが大切です。

こうやって整理した上で、最後に全員であらためてタスクをチェックします。すると、

「開発納期を短縮するために、一部業務を外注できないか検討する必要があるな」

「コンプライアンス部門に、個人情報管理のマニュアルと手順書を用意してもらおう」

といったように、新たなタスクが見つかることも少なくありません。

こうして**「ゴールまでにやるべきタスク」をすべて漏れなく書き出し、一覧できる形にまとめられれば、その時点でプロジェクト七〜八割成功**したと言っても過言ではない、と私は考えています。

■「タスク出し」の流れ

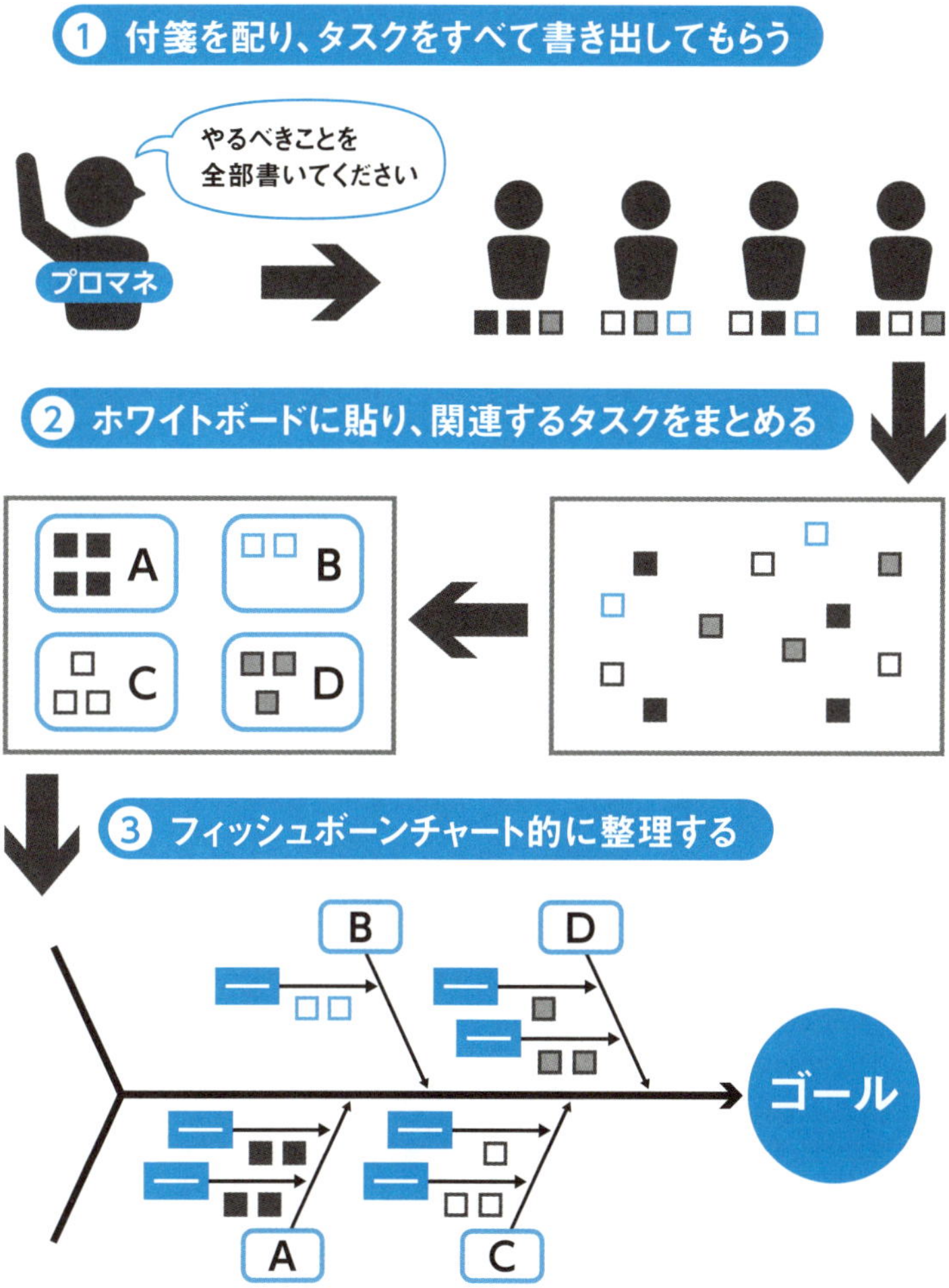

① 付箋を配り、タスクをすべて書き出してもらう
やるべきことを
全部書いてください
プロマネ
② ホワイトボードに貼り、関連するタスクをまとめる
A
B
C
D
③ フィッシュボーンチャート的に整理する
B
D
A
C
ゴール

タスク出しを「付箋」を使って行なう理由

なぜ話し合いから始めるのではなく、いきなり付箋に書いてもらうかといえば、特に日本人のメンバー中心の場合は全員が空気を読みあって、なかなか率直な発言が出ないからです。

また、社内から様々な肩書きの人間が参加するため、特に若手は役職者の顔色をうかがって、言いたいことがあっても黙っているということがよくあります。

でも、全員に対していっせいに「紙に書き出してください」と言えば、（誰が書いたかはパッと見わからないので）周囲を気にせず、自分の意見や考えをアウトプットしやすくなります。

私はいつも一人につき三〇枚ほど付箋を渡しますが、日本人は真面目なので、たくさん枚数を渡せば、それだけ多く課題やタスクを書き出そうと頑張ってくれます。

よって、**話し合いよりもずっと多くの課題やタスクを洗い出せるので、タスクの見落としや抜け漏れを減らせる**のがメリットです。

それに何より、時間の節約になります。

全員が空気を読みあって、当たり障りのない話に終始したら、それこそ時間のムダです。

プロジェクトは常に時間との戦いです。スムーズかつ迅速にキックオフするためにも、タスク出しもスピーディーに行なうのが鉄則です。

ちなみに、ソフトバンク時代にこんなことがありました。

ＡＤＳＬ事業の「Ｙａｈｏｏ！ＢＢ」は、サービス開始直後から一〇〇万件を超える申し込みが殺到するほどの大反響を巻き起こしました。

ところが、あまりの件数の多さに回線の開通工事が追いつかず、「申し込んだのに、いくら待っても使えるようにならない」というクレームが相次いだのです。

そこで、孫社長が打ち出したのが「一〇営業日がんばります宣言」でした。

要するに、「一〇営業日で申し込みから開通まで終わらせます」と世間に約束したのです。

当時、私は「Ｙａｈｏｏ！ＢＢ」の申し込み受付から課金まで、すべてのフローをプロマネとして統括していたので、社内で孫社長が「一〇営業日でやるぞ！」と言い出したのを受けて、すぐ対応に動きました。

社内の営業から情報システムまで、この件に関わる人間を全員集め、付箋を渡して「一〇営業日を実現するために、課題やリスクだと思うことを書いてください！」と頼んだのです。

その場に集まった人は五〇人以上いたと思いますが、あっという間にホワイトボードは付箋で埋まり、私はそれをどんどん課題別の山に分けてタスク出しをしていきました。

例えば、タスクの一つが予算の問題でした。

一〇営業日で開通するには、どうしてもシステムの増強が必要になる。社内のリソースだけでは足りないので、外部の業者に依頼する必要があるが、急な発注なのでかなりの予算がかかるだろう。

そこで私は、情報システム部門から上がってきたこのタスクに対処するため、孫社長に予算を増やすよう掛け合いました。

最終的には経営会議で予算の追加が了承され、システムの増強も可能になり、「一〇営業日がんばります宣言」を実行する体制が整ったのです。

社内で孫社長が「一〇営業日でやりたい」と言い出したのが二〇〇一年の年末。宣言したのが翌年一月二十八日でした。二ヶ月弱という短期間でこれだけのプロジェクトを進められたのは、初期段階で関係者全員を集めて、迅速にタスク出しができたからです。

このエピソードだけでも、付箋によるタスク出しの威力がわかってもらえるのではないでしょうか。

プランニング2

それぞれのタスクのアウトプットを「モノ」で明確に定義する

タスク出しをしたら、次はそれぞれのアウトプットを定義します。

ここで重要なのは、「モノ」で定義することです。

「競合他社の顧客満足度調査レポート」

「アプリケーションのサービス仕様書」

このように、必ず**「名詞」**で定義してください。

ありがちな失敗パターンは、**「動詞」**でアウトプットを伝えてしまうことです。

「競合他社の顧客満足度を調べてください」

そう伝えたのに、期日になってもアウトプットが上がってこないので本人に確認すると、

「はい、調べました。でも、まだレポートにはまとめていません」と言われてしまった……。

■アウトプットは「動詞」ではなく「名詞」で伝える

例 1週間後までに、競合A社の顧客満足度を知りたい場合

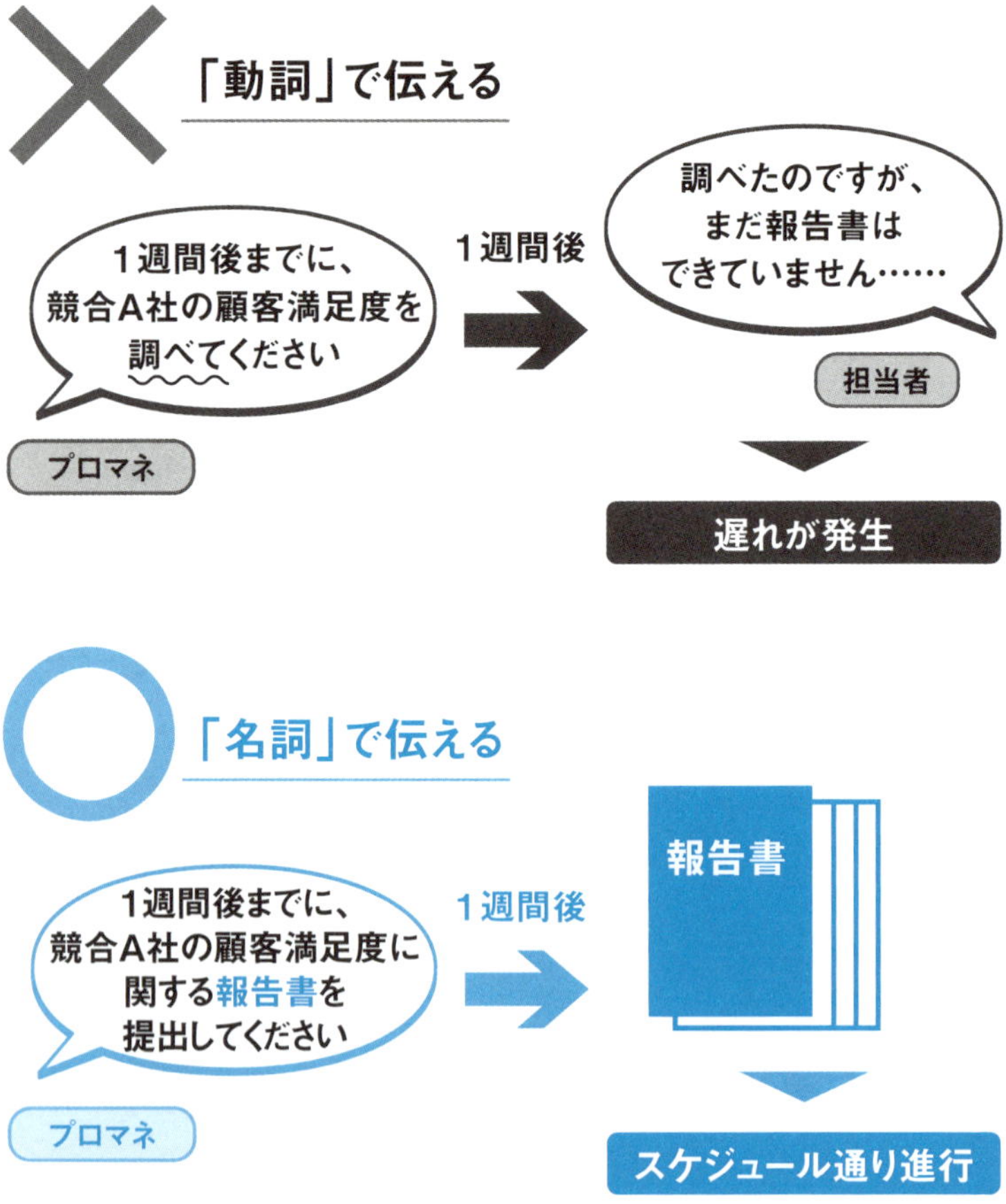

そんな苦い経験をしたことがある人は多いはずです。

これでは納期までにタスクを確実に完了できません。「処理中」「検討中」などのステータスが並べば、そこでプロジェクトは止まってしまいます。

仕事を着実に前へ進めるには、アウトプットを「名詞」で明確に定義し、プロマネが「モノ」として確認できたら「完了」とするというルールを徹底してください。

当たり前の話に思うかもしれませんが、これを徹底する否かで、その後の実行段階でスケジュールの遅れが発生する確率、つまりプロジェクトの進むスピードが劇的に変わってきます。

プランニング3

それぞれのタスクの担当者（個人名）を決め、所要時間を担当者とともに見積もる

アウトプットを明確に定義したら、次はそれぞれのタスクの担当者を決めます。

これもごく当たり前のことじゃないかと思うかもしれませんが、実際は担当者を決めることを嫌がる会社や組織が少なくありません。

なぜなら、**担当者を明確にすると、責任の所在がはっきりする**からです。

私はこれまで、アドバイザーや顧問として様々な企業や公的機関のプロジェクトに参加してきましたが、大きな組織ほど担当者を決めたがりません。

プロジェクトの工程管理表であるガントチャート（後述）を作っても、タスクの横の担当者名は空欄のままということがよくあります。

書いてあったとしても、個人名ではなく部署名だけで終わっていることもしばしばです。

「その部署の誰が担当なのか」を明らかにするのが嫌なのでしょう。

私が担当者名を書類に明記するようアドバイスしても、激しい抵抗を受けます。それも一度

や二度ではなく、あちこちの会社や組織で同じことが何度も繰り返されます。「個人として誰が責任を持つのか」をはっきりさせたくないという、日本的な組織の体質をひしひしと感じる瞬間です。

しかし、これではプロジェクトを遅れなく回すことは、まずできません。

一つひとつのタスクを着実に完了し、プロジェクト全体を前に進めていくためには、「個々のタスクについて誰が責任を負うのか」を明確にすることが不可欠です。

よって、タスクごとの担当者を必ず決めて、管理シートやガントチャートなどの紙に落とすこと。しかも、**部署名ではなく、「個人名」で記載する**ことが絶対条件です。

自分に責任があるとわかれば、誰でも約束を守ろうとします。

プロジェクトとは、ある意味で「約束の束《たば》」のようなものです。そして、全員に約束を守ってもらうことが、プロマネの大きな役目です。

個人の担当者を決めることは、その役目を果たすための必須条件だと心得てください。

担当者を決めたら、各タスクの処理にどれくらい時間がかかるかをヒアリングし、所要時間を見積もります。

プロマネ自身が未経験の作業については、必要な工数や期日がまったくわからないので、担当者に聞くしかありません。

本人が「一週間でやれます」というなら、それで所要時間を見積もります。

納期についても担当者との約束になるので、「一週間は本当に正しい見積もりなのか」など深く考える必要はありません。本人がやれると約束したなら、あとはそれを守ってもらうだけです。

もちろん、甘い見積もりをしていて、納期を守れないメンバーもいます。逆に、自分が余裕をもって進めたいがために、本当は一週間で十分できるタスクでも「二週間はかかります」などと申告してくるメンバーもいます。

これは本人の性格とも関係していますが、何度かやりとりしていくうちに相手のタイプは見えてくるもの。そうしたら、「一週間と言っているけれども、もっとかかりそうだな」などと調整していけばいいのです。

なお、約束した納期を守ってもらうコツについては、一三七ページ以降で改めて説明します。

プランニング4

タスク間の依存関係を調べ、不要な依存関係を断ち切る

個別のタスクについて定義と担当者が決まったら、次にやるべきなのが「タスク間の依存関係」を確認することです。

タスクの中には、**「前の工程が終わらないと、次の工程に進めないもの」**があります。

例えば、企画部門がサービス仕様書を作らないと、システム部門がウェブサイトの設計に取りかかれないとか、サービスを現場で販売するためのオペレーションシステムが構築できない、といったケースです。

さらには、こうした依存関係がいくつも重なって、「この工程が終わらないと次に進めない工程が、五個も一〇個もある」といったケースも存在します。

つまり、その工程の作業が延びれば、プロジェクト全体の納期がどんどん遅れてしまうということです。裏を返せば、プロジェクトのゴールまで最短距離で到達するには、絶対にここを

通らなくてはいけない重要な工程でもあります。

このように、プロジェクト全体の長さを決定づけるタスクの連なりを**「クリティカルパス」**と呼びます。この経路にあるタスクに遅れが生じてしまった場合には、何らかの手を打たなければプロジェクト全体が遅れてしまうことになってしまい、最悪の場合は納期に間に合わなくなってしまう、という経路です。

例えば、「サービス仕様書の作成」「新しいウェブサイトの開発」「パンフレットの印刷」という主に三つのタスクで構成されたマーケティングプロジェクトがあったとします。

また、ウェブサイトの開発（所要期間＝三ヶ月）とパンフレットの印刷（所要期間＝一ヶ月）は、サービス仕様書が確定した時点でスタートできるものとしましょう。

プロマネとしては、仕様書もウェブサイトもパンフレットもあれこれ気になると思いますが、クリティカルパスさえ把握できれば、その一点に集中できます。

この場合なら、「サービス仕様書の確定→ウェブサイトの開発」がクリティカルパスです。なぜなら、プロジェクト全体の長さを決めるのが、この経路だからです。

サービス仕様書が確定しなければ、ウェブサイトもパンフレットも制作に取りかかれないのは同じです（＝両方のタスクとも「サービス仕様書の確定」と依存関係にある）。

■クリティカルパスを重点的に管理せよ

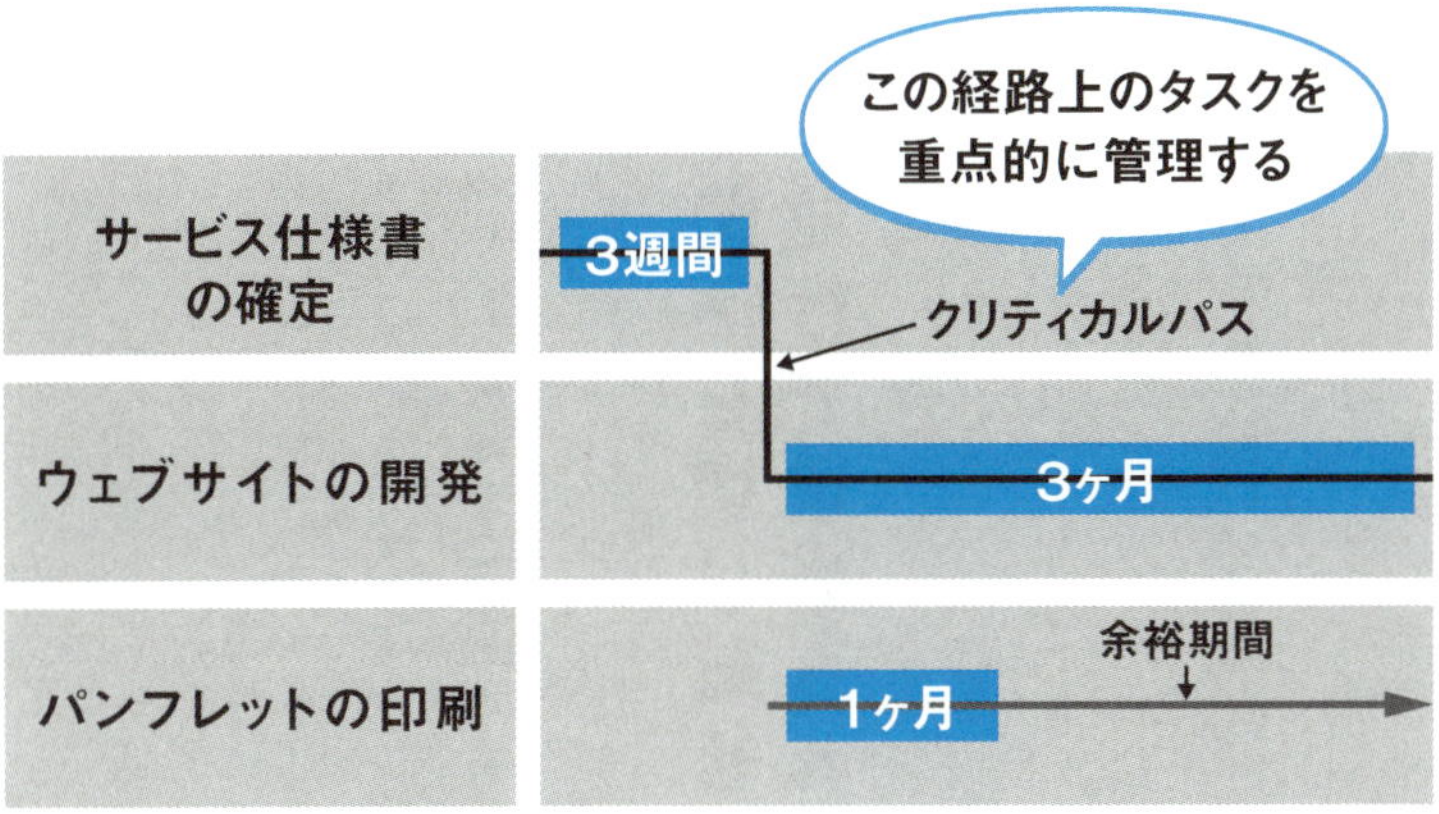

ただし、ウェブサイトの開発にかかる時間とパンフレットの制作にかかる時間は大きな差があります。ウェブサイトの開発に三ヶ月、パンフレットの制作に一ヶ月なので、もしパンフレットの印刷スケジュールが多少遅れても、ウェブサイトの開発が終了するまでには十分間に合います。

ですから、プロマネはパンフレット印刷のスケジュール管理にはそれほど手間をかける必要はありません。

一方、サービス仕様書の確定が遅れたり、ウェブサイトの開発が遅れたりすれば、プロジェクト全体のゴールが後ろへ延びてしまいます。よってこの場合は、プロマネは「サービス仕様書の確定↓ウェブサイトの開発」というクリティカルパスのスケジュール管理を重点的に行なうことが必要です。

この例の場合はタスクの数が少ないので、クリティカルパスをそんなに強く意識しなくても、それほど大きな問題はないかもしれません。

しかし、プロジェクトが大規模になれば、何十個、何百個というタスクが並びます。そのすべてに同じように注意を払い、管理することは現実的に不可能です。

そんな時も、**クリティカルパスに着目し、その工程を遅延させないことに集中すれば、全体のスケジュールを効率的に管理できます**。つまり、プロマネがメリハリをつけて全体を管理するためにも、クリティカルパスの把握は欠かせないのです。

依存関係を切り離せれば同時並行で進められるようになる

もう一つ重要なのが、不要な依存関係を断ち切ることです。

プロジェクトのメンバーからは、「これが決まらないと、私たちの仕事ができません！」という依存関係が頻繁に申告されます。

しかし、**よくよく聞いてみると、実は依存関係が存在しないことも多い**のです。

先ほどから例に出している「サービス仕様書の決定」と「ウェブサイトの開発」も、細かく見ると依存している部分とそうでない部分に分けられます。

■「不要な依存関係」を見逃すな！

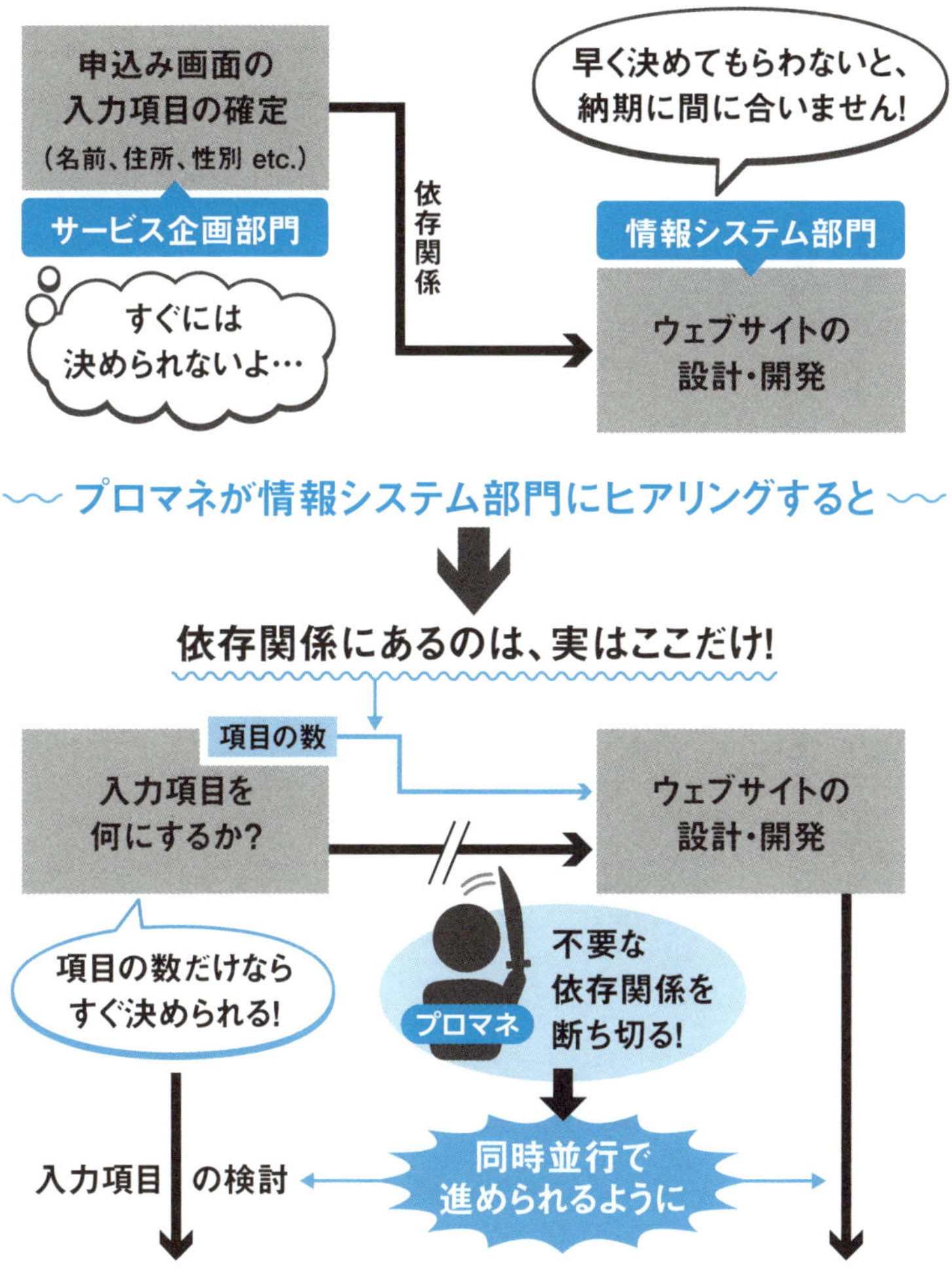

私がソフトバンクでプロマネをしていた頃も、情報システム部門の担当者が「サービス企画部門がサイトの申し込み画面の入力項目を決めてくれないと、制作に取りかかれません」と申告してきたことがありました。

つまり、「名前」「住所」「性別」「年齢」など、ユーザーに何を入力させるのか、項目の内容を早く決めてくれというわけです。しかし、サービス企画部門としては、重要なポイントであり拙速《せっそく》には決められません。

そこで、情報システム部門に私が根掘り葉掘り話を聞いたところ、項目の「数」さえ決まっていれば、申し込み画面の設計には取りかかれることがわかりました。

しかも、「とりあえず一〇項目で設計しておいて、実際には八項目しか使わないと問題なのか」と聞くと、それは問題ないと言います。

そこで私がサービス企画部門の担当者に聞いたところ、「項目数が一〇を超えることはありません」と確認が取れたので、情報システム部門の担当者に一〇項目で設計を進めるよう指示を出しました。

このように、**お互いが依存関係だと思い込んでいるタスクがあれば、きちんと切り離す**こともプロマネの役目です。そうすれば、前の工程の終わりを待つことなく、それぞれの部門が同時並行でタスクを進められるようになるからです。

■代表的なプロジェクト管理ツール

Microsoft Project

プロジェクト管理ツールの定番中の定番。ソフトバンク時代には、自分も頻繁に使っていた。本書刊行時点では、「30日間無料トライアル」が可能。使い方を解説した書籍もたくさん出版されている。

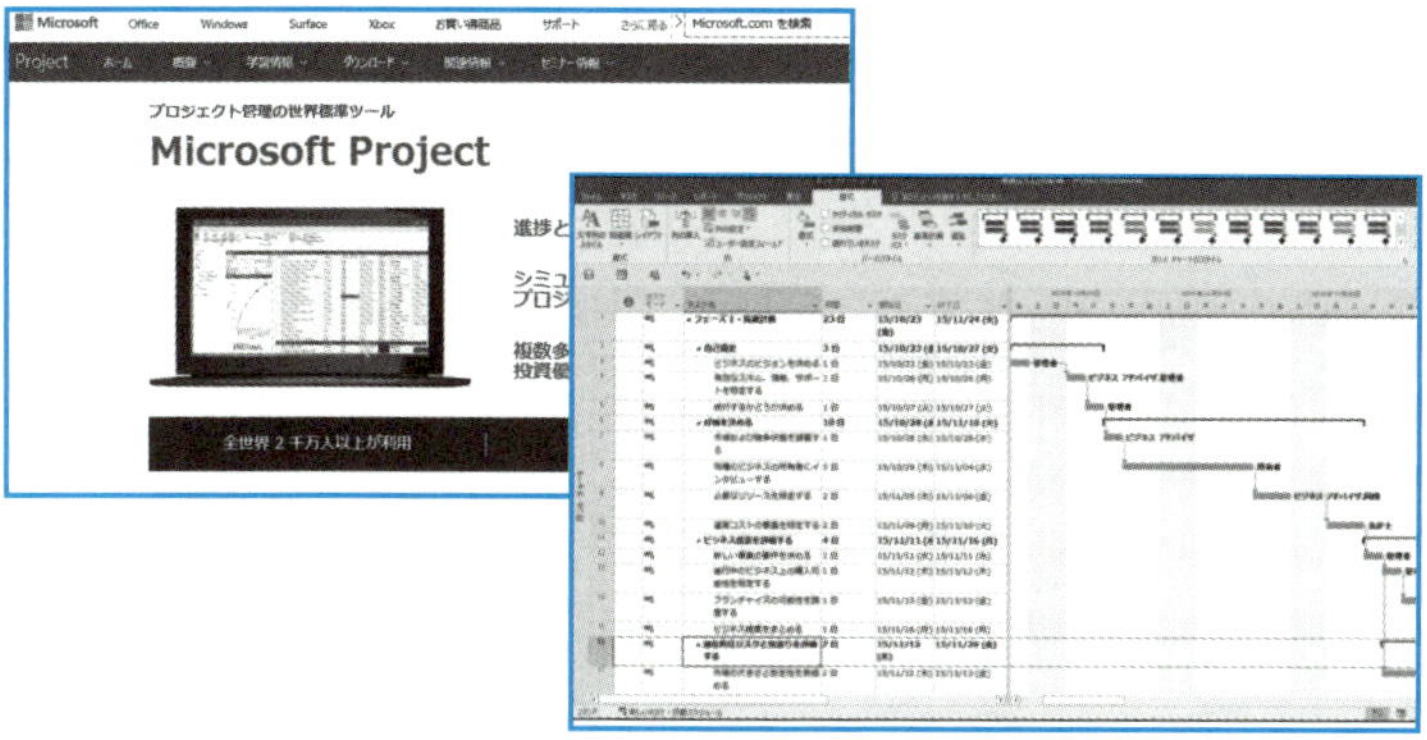

開発マイルストーン

http://zudajijp.zouri.jp/km/

フリーのソフトウェアで、エクセルベースで動くのが特徴。「開始日と日数を入力するだけで、自動的に休日・祝日を除いた終了日が計算され、ガントチャートが表示される」「月単位、週単位、日単位、時間単位での表示が可能」など、便利な機能が豊富。

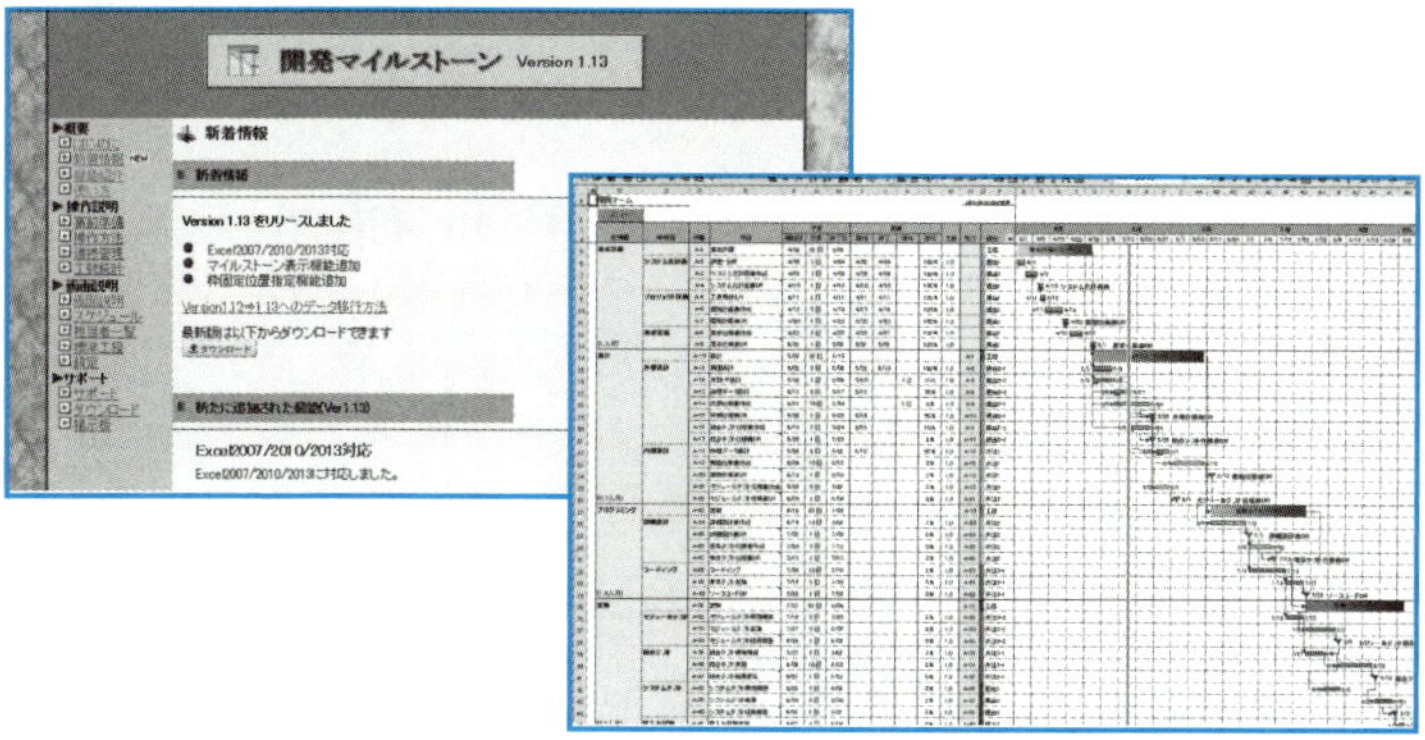

なお、クリティカルパスを体感する上でお勧めなのが、**「マイクロソフト・プロジェクト」**というツールです。

簡単な数字を打ち込むだけで、プロジェクトのクリティカルパスを可視化できます。タスクの多い大規模プロジェクト向けの管理ツールなので、実際の仕事でこれを必要とする機会は少ないかもしれませんが、クラウド版が無料で三十日間お試し利用できるので、クリティカルパスとは何かを理解するために一度使ってみると非常に役立ちます。

また、完全フリーのソフトウエアで**「開発マイルストーン」**という管理ツールもあります。エクセルベースで動くので、こちらのほうが使いやすいと感じる人も多いかもしれません。少なくとも、エクセルを使って手作業でスケジュール管理表を作るくらいなら、このツールを使ったほうがラクですし、手間もかかりません。

プランニング5

プロジェクト全体のスケジュールを組む

（プロジェクトマネジメントシートを作る）

プロジェクトのスケジュール管理というと、「ガントチャート」がよく使われます。

もともとは工場の生産管理に使われてきた進行表で、横軸に時間を、縦軸にタスクやその担当者などを配置し、各工程の進捗状況がわかるようにするものです。

ただ、私は**ガントチャートでのスケジュール管理はお勧めしません**。

なぜなら、見た目はいいものの、使いこなすのが難しいからです。

プロジェクトの立ち上げ時に一度ガントチャートを作り、タスク整理やリソース配分を考えるために使うならいいと思います。

問題は、プロジェクトの進行中もガントチャートで進捗を管理しようとすることです。

実際の現場では、予定通りに進まないことがいくらでもあります。

一つのタスクだと思っていたら、作業を進める途中で二つのタスクに分かれたとか、まったく別々のタスクだと思っていたら、実は依存関係にあったとか、思いがけない変更が次々に起こるものです。

ガントチャートでは、これらの変更に対応しきれません。

プロジェクトに参加する人が各自で自分の工程だけを最新版にアップデートすることはできますが、全体を統合して一つのガントチャートで管理するには相当な手間がかかります。

大人数が参加する大規模プロジェクトでは、ガントチャートを管理するための専任担当者を置くこともあるほどです。

しかし、そんなコストをかけられるほど余裕のあるプロジェクトは少ないでしょう。それに日常の「プロジェクト的な仕事」であれば、そもそもガントチャートは必要ありません。


では、もっと管理・変更がしやすく、使い勝手のいいツールはないのか。

私がお勧めするのは、**「プロジェクトマネジメントシート」**です。

次ページのサンプルを見てもらえばわかる通り、非常にシンプルな構成になっています。

「タスク名」「アウトプット」「納期」「担当者」を記入する欄があるので、それぞれを埋めるだけ。前述の通り、アウトプットを「名詞」で記入すること、担当者は必ず「個人名」にすることだけ気をつければ、あとは誰でも簡単に使いこなせます。

プロジェクト全体のスケジュール管理をするプロマネにとって、余計な手間や時間を取られ

■プロジェクトマネジメントシートの例

[管理システムバージョンアッププロジェクト]

作成日：2018年8月21日　作成者：山田太郎

タスク名	アウトプット	納期	担当者
管理システムヒアリング	ヒアリング対象者・質問項目リスト	9月5日	中村
	ヒアリングレポート	9月12日	中村
システム会社選定	決定できるシステム会社リスト	9月19日	木村
バージョンアップ箇所決め	バージョンアップ箇所候補リスト	9月19日	田中
本部長決裁	提案書・本部長承認	9月26日	山田
仕様決定	発注できる社内確認済仕様書	10月3日	大沢

ないのは大きなメリットです。

このシートを週次の定例会ごとに更新し、全員で共有すれば、**「誰が、いつまでに、何をするのか」の最新状況がひと目でわかります。**

週に一度の定例会でシートをアップデートし、それに基づき各自が納期までにアウトプットを出す。さらに翌週の定例会でシートをアップデートし、また各自が納期までにアウトプットを出す――。このようなサイクルを回せば、プロジェクトは滞《とどこお》りなく前へ進みます。

つまり、プロジェクトマネジメントシートは、スケジュール通りに人を動かす推進力になるのです。

タスクは「一週間でできるサイズ」に小分けする

「工程はどれくらい細かく分けて管理すべきか」で悩んでいる人も多いかと思います。

私の答えは、「一週間ごとに区切って管理すべき」です。

すべてのメンバーが、自分に与えられたタスクを期日までにやり遂げ、プロジェクトを進めていくためには、誰もが確実にできるサイズにまで仕事をブレイクダウンすることが必要です。

大きな塊のまま仕事をドンと与えて、「一ヶ月でこれをやって」と言っても、うまく段取りやペース配分ができず、期日までに終わらない人が必ず出てきます。

でも、その人が一週間でできるサイズにタスクを小さく分解して渡せば、たいていの人は期日までにやり遂げることができます。

経験が少ない新人や若手でも、一週間という枠の中でなら「この書類を来週月曜に提出するには、今週水曜までに資料を集めて、木曜中に下書きをして、金曜には仕上げないといけないな」と逆算して自分の仕事を進めることが可能です。

たとえるなら、親鳥がエサを小さく嚙《か》み砕《くだ》いてからヒナの口に入れてあげるように、プロマネは**メンバーが無理なく仕事を回せるよう、それぞれのスキルや経験のサイズに応じてタスクを小分けする**のが大事な役目ということです。

スケジュールにバッファを持たせるか否か

もう一つ、大事なことを付け加えておきます。

それは、「スケジュールにバッファを持たせない」ということです。

理由は、バッファがあると人は頑張らないからです。

そもそもソフトバンクでは、いつも最短最速の締め切りが設定されるので、バッファをとることなど考えたこともありません。

もちろん孫社長も、常に自分の時間を一〇〇%フル稼働させています。

なぜか世間では「念のためにスケジュールにバッファを取るべきだ」と考える人が多いのですが、ゆとりを持ってスケジュールを組めば、間違いなくその分だけ仕事は遅れます。

「サービスインは四月一日ですが、バッファを持たせてシステムの完成は三月十五日を締め切りとします」

そう言われたら、「三月十五日とは言われたけど、最悪の場合、三月三十一日までに完成すれば間に合うよね」と考えるのが人間というものです。

そして「まだ余裕があるから」とのんびり仕事を始めたものの、本来の締め切りを過ぎた頃に思わぬ手戻りが発生して、そこからはデッドラインの三月三十一日まで連日徹夜することになってしまった……。こんなデスマーチに陥る羽目になってしまいます。

それを回避するには、**「少しくらい遅れても大丈夫だろう」と思わせない**ことが必要です。

もちろん、プロジェクトによってはバッファを持たせておくことがどうしても必要な場合もあるとは思いますが、基本的には、スケジュールにバッファを持たせず、常に全員が全力で仕事に取り組む姿勢を維持すべきだと私は考えています。

プランニング⑥

各タスクの「納期（締め切り）」について、各メンバーと合意する

プロジェクト全体のスケジュールを作ったら、それをメンバー一人ひとりに渡して、納期について合意を得ます。

プロジェクトマネジメントシートを示して、「納期までにこのアウトプットを出してくださいね」と個別の約束をするわけです。

誤解すべきでないのは、**プロマネは命令をする立場ではない**ということです。

プロマネとメンバーは上司と部下のような上下の指揮系統でつながっているわけではありません。

あくまでもプロマネとメンバーは、「これならできます」という相手との約束でつながる関係だということを忘れてはいけません。

もし相手から「これでは納期に間に合いません」「予算が足りません」といった意見が出た

ら、「では、どうすれば約束できるか」を一緒に考えます。

そして、締め切りを調整したり、担当する仕事のサイズをさらに小さくしたり、人員や予算を追加できるようオーナーと交渉したりして、相手と合意できるように調整するのがプロマネの役目です。


繰り返しになりますが、プロジェクトはこうした約束の束で成り立っています。

そして規模が大きく、期間が長いプロジェクトほど、約束の数は増えていきます。

その中で、一人でも約束を守らない人が出ると、他の人たちも次々と約束を守らなくなります。

「あの人が締め切りを守らないなら、自分だけ頑張る必要はないよね」

「どうせあの人の仕事は遅れるから、自分の締め切りも後ろへ延ばせばいいや」

こんなふうに考える人が続出して、せっかく立てたスケジュールは完全に崩壊します。

プロジェクトをスケジュール通りに進めるには、**メンバー全員に「自分の約束は絶対に守る」というルールを徹底させる**ことが至上命題です。

そのための手段が、アウトプットをモノで定義することであり、担当者を個人名で決めることであり、プロジェクトマネジメントシートで全員の約束を共有することなのです。

プロマネが誰と何を約束したかを可視化し、後述する定例会のたびにプロジェクトマネジメントシートでアウトプットをチェックして、必ず約束を守ってもらう仕組みを作れば、全員が「他の人はちゃんとやっているから、自分も約束を守る」という意識を持つことができます。

タスクの割り振りは「できるだけ早く、小さいサイズで」

もちろん、メンバーができるだけ約束を守りやすいよう配慮することも大切です。

プロマネとしてタスクを割り振る際、実践すべきことは二つあります。

一つは、先ほども話した通り、その人が**「無理なくやれるサイズに仕事を細分化する」**こと。

もう一つは、とにかく**「早めにタスクを割り振る」**ことです。

納期直前になって急な仕事を頼まれることほど、嫌なものはありません。

「無理です」「できません」と断られても、致し方ないでしょう。

「そこを何とか」と無理に頼み込んで残業や休日出勤を強いることがあれば、それこそプロマネは信頼を失い、メンバーと約束を結ぶことが難しくなります。

そうならないためにも、プロマネはゴールから逆算して、早めのタイミングでメンバーに仕事を割り振ることを心がけてください。

例えば、「プレゼン資料を作る」というゴールなら、それまでのプロセスで「競合他社の売り上げデータを集める」「営業部門に小売店での売り上げ動向についてヒアリングする」「資料の方向性について、プロマネとすり合わせる」「下書きと目次の段階で、一度プロマネがチェックする」といったタスクが発生します。

それらを逆算し、各タスクにどれだけ時間がかかるかを考えた上で、早めに最初の「競合他社の売り上げデータを集めてください」というタスクを割り振らなくてはいけません。

これは同時に、**プロマネ自身の仕事を増やさないための方法**でもあります。

早めに仕事を割り振れば、相手もプロマネが目指す方向性を早い時点で把握できます。途中のプロセスでも方向性が合っているか確認しながら進めれば、最終的にプロマネが求めるアウトプットを確実に出してくれます。

締め切り直前になって、こちらの意図したものとまったく違う資料が上がってきたら、プロマネも作り直しの指示や再チェックなどの二度手間が発生します。最悪の場合、担当者だけでは締め切りに間に合わず、プロマネが手伝うことになったりもします。

メンバーのためにも、そして自分のためにも、「タスクの割り振りはできるだけ早く、小さいサイズで」を鉄則としましょう。

プランニング7

週一の定例会（ミーティング）を設定する

プランニングの最後は、週一の定例会（ミーティング）を設定することです。

具体的には、「毎週月曜日の○○時から○○時まで、△△で行ないます。必ず全員出席するようにしてください」と最初に決めて、日程を固定してしまうのが得策です。

こうすれば何度もスケジュール調整をしないで済みますし、「その日は別の予定が入っているので出席できません」といって欠席するメンバーを最小限に抑えることもできます。

もちろん、日常のプロジェクト的な仕事であれば、もっと短い期間で終わってしまうものもあるでしょう。

でも、ある程度の期間で実施するプロジェクトであれば、週一の進捗管理が必須です。

先ほども話した通り、一週間という枠の中でなら、各自が自分の納期から逆算して仕事を段取りし、締め切りまでにやり遂げるというスケジュール管理がしやすいからです。

そもそも**人間は、「二週間後までにやっておいて」と言われたことを、すぐやろうとは思いません**。「まだ時間があるから、後でやろう」と考えて、必ず先延ばしにします。

でも、「一週間後に必ずやってきてください」と言われれば、「あまり時間がないぞ」と思うので、常にそのタスクを意識します。

「急な仕事が入るかもしれないから、前倒しでこのタスクを片付けておこう」といった意識も生まれます。

プロジェクトを最速で回すには、やはり一週間ごとに進捗を管理するのがベストです。

定例会の実施方法については、次章で詳しく説明します。

まずはプランニングの段階で、週に一度の定例会をスケジュールに組み入れることを忘れないでください。

第4章

こう「実行」すれば、納期を余裕で守れる

「進捗管理」と「会議・ミーティング」7つのポイント

プランニングしたら、「あとはよろしく！」で済めば、これほどラクなことはありません。

しかし現実には、当然ながら「実行」の段階があります。

どれだけ精緻にプランニングしても、計画通りに進むことはまずありません。

思い通りにいかなかったり、予想外のトラブルが発生したりと、毎日のようにあちこちで何かが起こるのがプロジェクトというものです。

だからこそ、プロマネはタスクの進捗を随時チェックし、止まっているものや遅れているものがあれば、いち早く改善策を講じる必要があります。

また、会議やミーティングをいかに回していくかも、重要なポイントです。

定例会を設定し、それをプロジェクトの推進力にすれば、プロジェクト全体のスピードとクオリティは格段にアップします。

たとえ想定になかった事態が発生しても、状況の変化に即座に対応し、ゴールを最短最速で達成するためのルートを見つけ直すことができるのです。

ただし、最近は働き方が多様になり、時短社員や在宅勤務も増えて、メンバーが一堂に会するのが簡単ではなくなってきています。

そこで、別々の場所にいても手軽にミーティングや情報交換ができる便利な最新ＩＴツールも紹介しましょう。

実行1

毎週一回、関係者全員が集まった「定例会」を行なう

実行段階におけるプロマネの最大の仕事は何か。

それは、週に一回、決められた曜日・時間に、プロジェクト関係者が全員集まった「定例会（ミーティング）」を行なうことです。

これが、プロジェクト実行段階の成否を決める生命線といっても過言ではありません。

定例会でやるべきことは、各メンバーのタスクの進捗確認です。

プランニング段階で作成したプロジェクトマネジメントシートをもとに、決められたアウトプットが納期までに終わったか（あるいは確実に終わりそうか）をチェックします。

もし遅れているものや止まっているものがあれば、プロマネは直《ただ》ちに改善策を講じる必要があります。

メンバー個人の仕事のやり方を修正してもらうこともあれば、機能部門のマネジャーに掛け合って人手を増やしてもらうといった交渉が必要なこともあります。

いずれにしても、週に一度、最新の進捗状況を把握することで、たとえ遅れや停滞が発生しても、すぐにリカバーできるわけです。

定例会では、これらの最新状況を踏まえてプロジェクトマネジメントシートをアップデートします。

そして最後に、翌週の定例会までにやるべきことを各メンバーと約束して終了となります。

なぜ関係者全員が集まる必要があるのか

前章のプランニング⑦で、「なぜ週一で定例会をやるべきか」という理由は説明しました。

では、なぜ関係者が一堂に集まる必要があるのでしょうか。

それは、**全員が一斉に情報をアップデートできる**からです。

第2章の立ち上げ①で述べた通り、プロジェクト・メンバーの人数が多いほど、コミュニケーション・チャネルの数は加速度的に増えます。ですから、メンバー同士が一対一で情報のやりとりをしたら、誤解や聞き違いなどのコミュニケーション・ミスがあちこちで発生して収拾がつかなくなってしまいます。

そこでプロマネが「情報のハブ」になる必要があるわけですが、プロマネがメンバー一人ひとりと情報のやりとりをしていたら、いくら時間があっても足りません。

一方、定例会で全員が集まれば、最新かつ正しい情報をその場で一気に共有できます。

一対一のコミュニケーションなら、「Aさんには伝えたが、Bさんには伝えるのを忘れていた」といったことが起こりがちですが、定例会で集まればすべてのメンバーに一発で抜け漏れなく伝わります。


また、想定外の事態やトラブルが起こった時も、定例会があれば随時プロマネに相談してもらえます。人は悪いことほど報告したがらないので、直接顔を合わせる機会が少ないと、「今度会った時に言えばいいだろう」とか**「もう少し自分で何とかしてみよう」などと考えて、プロマネに情報が上がってくるのが遅れがちに**なります。

そのうち事態がどんどん悪化し、プロマネに報告が上がってくる頃には取り返しのつかないことになってしまう可能性もあります。

これも定例会で毎週アウトプットをチェックすれば、「このタスクは予定通りに進んでいないけど、何かありましたか?」などとこまめに確認できます。プロマネが早め早めに状況を把握できれば、事態が深刻化する前に調整や軌道修正をすることも可能です。

このように、**定例会は非常に有効なプロジェクト・マネジメントの手段**です。プロマネが定例会の場をどのように活用するか、あるいはそこでどのように振る舞うかで、プロジェクト全体のスピードや質がまったく違ってきます。

そこで本章では、定例会のメリットを最大限に活かしながら、プロジェクトを円滑に進めていくコツを中心に解説します。

なお、定例会には関係者全員を呼ぶのが原則ですが、プロジェクト・オーナーが毎回参加するのは現実的に難しいことがほとんどでしょう。

それでも、**数回に一回は、ぜひオーナーに参加してもらう**ようにしてください。オーナーが出席すれば、プロジェクトにきちんとコミットしていることがメンバーにも伝わります。

日々のタスクや進捗にまで目を光らせているとわかれば、メンバーが仕事で手を抜いたり、多少納期に遅れてもいいといった甘い考えを持つこともなくなります。

メンバーの気持ちを引き締め、プロジェクトへの貢献意識を継続させるためにも、オーナーが定例会に出席する機会を作ることが大切です。

実行2

タスク管理シートと各メンバーのアウトプットの差を確認する

ここからは、定例会でプロマネがやるべきことを具体的に説明していきます。

まずはプロジェクトマネジメントシートを見ながら、各メンバーが納期通りにアウトプットを出せているかチェックします。

「計画」と「実績」の間に差が生じていないか——。

これが、プロマネが確認すべきポイントです。

仕事をしていると、メンバーが勝手に納期やアウトプットを変更してしまうことがあります。

「思ったより手間がかかるから、提出の期日が多少延びてもいいだろう」

「業界上位一〇社のデータをまとめるように言われたけど、時間がないからとりあえず五社でいいや」

こんなふうに、自分の都合に合わせて約束の内容を変えてしまう人が必ず一人や二人は出てくるものです。

しかし、プロマネが承認していない計画変更を各自がやり始めたら、それこそ収拾がつかなくなります。それを防ぐため、メンバーの行動をモニタリングする機能も定例会にはあるのです。

計画と実績の間に差が生じてしまった場合、まずはその原因をしっかり把握することが重要です。

プロジェクト全体の仕事の進め方に問題がある場合や、予算や人員などリソースが不足している場合の対処法については、実行③以降で詳しく説明します。

一方、明らかにメンバー個人に原因がある場合もあります。

本人のモチベーションが低かったり、能力やスキル、経験が足りなかったりして、仕事を約束通りにこなせないというケースもあるでしょう。

この場合、プロマネが「自分が一から教育して、モチベーションやスキルを上げてやろう」などと考える必要はありません。

なぜなら、プロマネには人事権も評価権もないからです。

その権限を持つのは、メンバーの上司にあたる機能部門の責任者です。

よってプロマネがやるべきなのは、**機能部門の部門長にメンバーの仕事の状況についてフィードバック**することです。

それを受けて部門長に何らかの対処をしてもらい、必要ならメンバーの交代か増員を依頼するのが正しい対処法です。

この問題については、二一一ページでも詳しく解説します。

実行③

「遅れ」が発生している場合は、是正措置を講じる

立ち上げ・プランニングの段階をどんなにしっかりやっても、スケジュールの遅れは発生するものです。

まだ実際に遅れていなくても、「どうもプランニングで設定した納期では間に合いそうにないぞ」とわかることもあります。過去にやったことがない仕事を実行するのがプロジェクトですから、想定外の出来事が起こるのはある意味当然です。

大事なことは、その遅れが全体のスケジュールに影響しないように、プロマネが主導して是正措置を講じることです。特にクリティカルパスが長引かないように調整することが、非常に重要となります。

遅れが発生したら、まずはそのタスクをさらに細分化してみましょう。

そして、**クリティカルパスに関係するタスクの場合は、プランニング④で解説した「依存関**

係」が部分的にでも断ち切れないか検討します。

「このタスクの中でも、Aの部分は次のタスクと依存関係にあるからどうしても早くやらないといけない。でも、Bの部分は次のタスクと関係ないから納期を延ばせる。だから、とりあえずAにリソースを集中させよう」といった具合です。

第3章で例に挙げたような「サービス仕様書の作成が遅れているから、ウェブサイトの設計ができない」という状況でも、「サービス仕様書を作る」というタスクを分解して、「申し込み画面の入力項目の数を決める」という部分だけを先行してやれば、次のウェブサイトの設計にすぐ取りかかれます。

私の会社で「ほぼノー残業」を実現できている理由

あるいは、**細分化したタスクを比較的余裕のある他のメンバーに割り振る**ことができないかも検討してください。

プロジェクトはチームとして一つの目的を達成するのがゴールです。

ですから、スケジュールの遅れを個人の問題にせず、互いに助け合うことが大切です。

どんなに忙しいプロジェクトでも、その瞬間にメンバー全員が揃ってキャパシティオーバーになることはほとんどありません。

Aさんが自分の時間に対して一二〇％の仕事を抱えていて、Bさんの仕事が八〇％なら、オーバーしている二〇％をBさんが引き受ければ、お互いが持ち時間を一〇〇％使い切ることができます。

誰かが大変な時は負荷を分散し、全員の稼働率を一〇〇％にすれば、メンバーは時間内で仕事が終わる上に、チームの生産性も最大化します。

これがチームにとってベストな状態ではないでしょうか。

私の会社が運営するトライズでも、**毎朝行なう「朝会」（朝の定例会）で、メンバーがその日の自分のスケジュールを発表**します。

そして、もし残業になりそうな人がいれば、手が空いている人に仕事を割り振ります。

「今日は午後三時から三十分手が空くので、会議のセッティングは私がやっておきます」

「午後四時からのアポがキャンセルになったので、私が代わりにお客様に対応します」

こんなふうにサッと手を上げて、他の人の仕事を引き受けるのがごく当たり前の光景になっています。

また朝会は、個人で解決できないことがあれば、全員で知恵を出し合って解決する場にもな

■タスクの遅れが発生した時の対処法

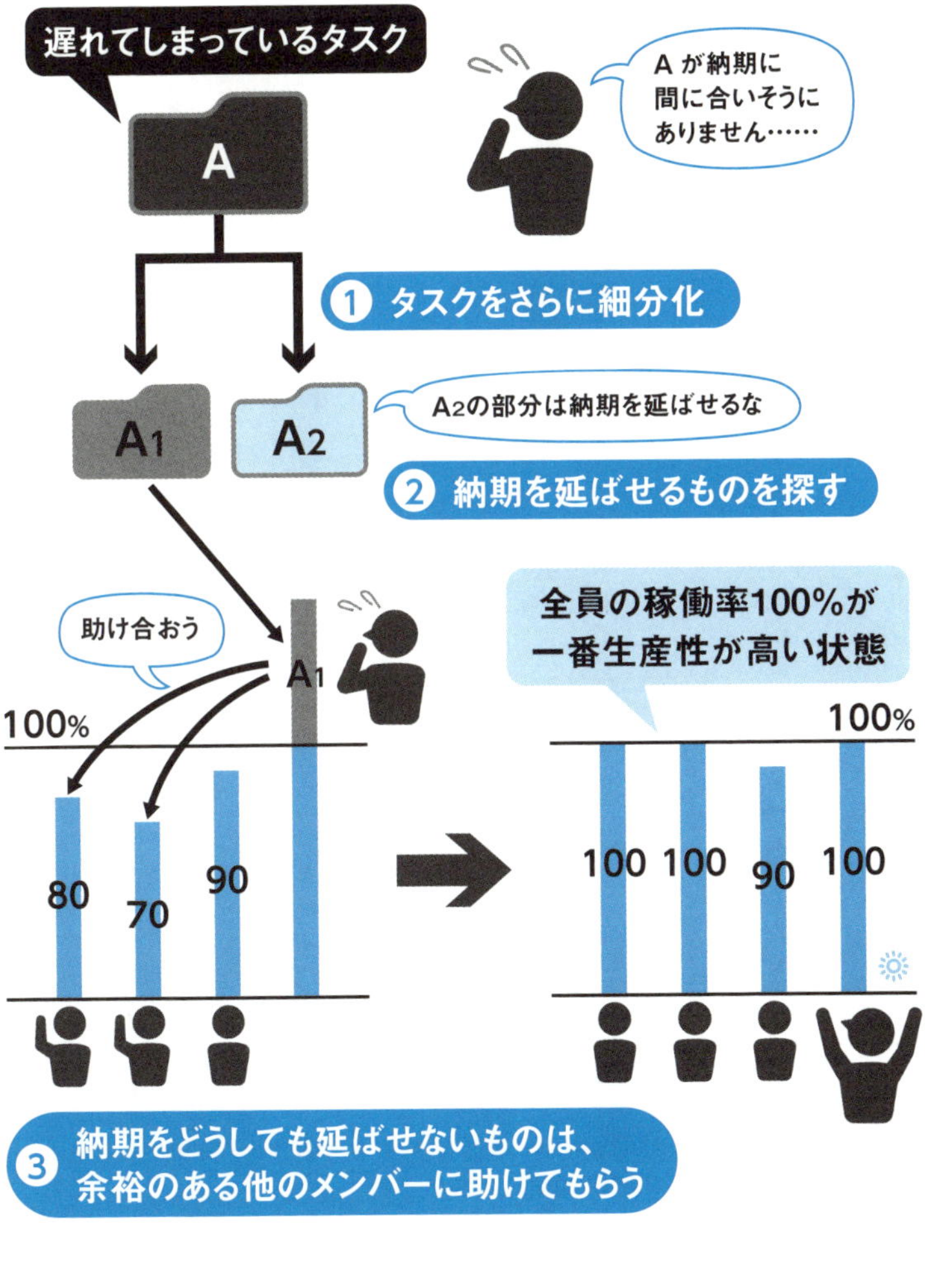

っています。

「お客様からこんな相談があったのですが、どう対応すべきか迷っています」

誰かがそんな課題を報告すると、他の誰かが「それなら過去に似た事例があるので、こう答えるといいですよ」とすぐに教えてくれるので、一人で考え込んで余計な時間を使わずに済みます。

このように、**チーム全員の時間と知恵を平準化し、できるかぎり一〇〇%使い切る**ことで、チーム全体の仕事を効率よく進めることができるのです。

おかげで私の会社では、ほぼ「残業ゼロ」を実現しました。

昨年度のトライズの各センターの残業時間は平均で月に四・〇八時間。月の稼働日が二十日として、一日に十二分ほど残業することもあるという程度で、実質的にはほぼノー残業です。

これは通常業務の場合ですが、プロジェクトでも同じようなやり方で負荷を分散することはできるはずです。

残業削減は、「個人の努力」よりも「助け合い」で

最近は「働き方改革」の掛け声のもと、会社から「残業を減らせ」と言われているビジネス

パーソンが多いと思いますが、「自分の仕事をいかに早く終わらせるか」という点だけを意識しているのではないでしょうか。悪く言えば**「他の人の仕事が遅れていても、それはその人の責任であり、私とは関係のないこと」と思っている**のです。

しかし、個人の努力には限界があります。必死で頑張れば、今まで十分かかっていた入力作業を八分に短縮することくらいはできるかもしれませんが、「一分でやれ」と言われたら、どう考えても不可能です。一方、同じ作業を一〇人で分担すれば、今までと同じスピードでも一分で終わります。

本当の働き方改革とは、個人の努力に依存するのではなく、こうして仕事の仕組みやリソースの配分を変えることで解決すべき問題です。

つまり、「生産性向上や効率化とはマネジメントの問題である」ということです。

プロジェクトにおいてはプロマネがその役目を果たし、**メンバーの助け合いを促《うなが》したり、そのための仕組みや環境を整えたりする**必要があります。

もちろん、実行②で述べたように、仕事の遅れが完全にメンバー個人の問題である場合もあるので、そこは見極めが必要です。それでも、個人の頑張りだけで何とかしようとは考えないことを、ぜひプロマネの心構えとしてください。

実行④

最後に、翌週のそれぞれのタスクのアウトプットを確認する

スケジュールの遅れを是正し、再調整したら、翌週に向けて各メンバーとタスクのアウトプットを確認します。

ここでやるべきことは、プランニング⑥の作業と同じです。新しく設定した納期とアウトプットを示して、メンバー一人ひとりと「この日までにこれをやってください」と約束をします。

そして一週間後の定例会で、再び実行①〜④を行ないます。この繰り返しが、実行段階の基本手順です。

メンバー全員と約束ができたら、**定例会の最後に必ずプロジェクトマネジメントシートを最新バージョンにアップデート**します。

毎週、定例会の場で内容を書き換えて共有し、メンバー全員の手元にあるのは常に最新版と

いう状態にしてください。

各自で書き換えの作業をするのは絶対にNGです。

「あれはAさんがやるはずだったよね?」「いや、シートではBさんの担当になってるけど?」といった混乱が起こる原因になるので、全員が同じ内容を共有しなければ意味がありません。

プロジェクトマネジメントシートのアップデートは、プロマネの最重要タスクの一つと心得て、管理を怠《おこた》らないようにしてください。

実行5

プロマネの権限内で解決できない問題に対処する（「即行動につながる会議」にする五つのコツ）

定例会の場でタスクの配分を見直したり、知恵を出し合ったりしても、どうしても解決できない課題が発生することもあります。

その場合は、「プロマネの権限では解決できない問題なのだ」と判断すべきです。

そしてすぐに、その問題を解決する権限を持つ人に交渉しましょう。プロマネが一人で考えていても状況は何も変わらないので、即座にアクションに移るべきです。

例えば、情報システム部門のメンバーが担当するタスクが遅れているとします。

この場合は、情報システム部門の部門長に掛け合って、もっと人材をプロジェクトに回してもらえないか交渉します。

それが難しいと断られたら、部門の予算を使って業務の一部を外注してもらえないか頼みます。

その予算もないと言われたら、この問題は機能部門の部門長の権限でも解決できないということです。よって、さらに上の権限を持つプロジェクト・オーナーに状況を説明し、対応を相談するしかありません。

ここで重要なのは、**「品質」「納期」「コスト」の優先順位を判断してもらう**ことです。

「システム開発を外注する予算をつけてもらえば、予定の納期に間に合います。もし現在の予算内で進めるのであれば、納期は一ヶ月延びることになります。今回は、予算と納期のどちらを優先しますか」

そう言って、オーナーの判断を仰《あお》いでください。第2章でも話した通り、品質・納期・コストのバランスをどう取るかは、最終的にオーナーが決めます。

オーナーが「納期は延びてもいいから、予算内に収めろ」と言うなら、それでいいのです。プロマネの権限が及ばない問題は、権限を持つ人に意思決定してもらう。これが基本的な問題解決法です。

こうしてオーナーや機能部門の部門長と個別に相談や交渉をすれば解決する問題もある一方、複数の人間を集めた会議で意思決定してもらう必要が出てくることもあります。

その件に関する権限を持つ人が何人もいたり、外部から人を呼んで知恵を借りなければ判断できない場合などが該当《がいとう》します。

即行動につながる会議のコツ

1. 物事を決めるのに必要な「権限」と「情報」を持った参加者を揃える

2. 会議の議題を明確にし、事前に参加者と共有しておく

3. 出てきた話について「報告」「決定」「未決」を分ける

4. 「何を」「誰が」「いつまでに」やるかを明確にする

5. 会議の最後に、全員で議事録を共有する（議事録には「配布先」「出席者名」「作成者の個人名」「作成日」を明記）

即行動！

ここで**重要なのは、会議を開く以上は必ずその場で結論を出し、終了したらすぐ行動に移れるようにすること**です。

日本の企業や組織でよくある「長時間話し合ったが、何も結論が出ないまま時間切れになってしまった」という不毛な会議にすることだけは避けなくてはいけません。

そこで、〝即行動〟につながる会議のコツを五つ紹介しましょう。

これらはもちろん定例会でも役立ちます。

即行動につながる会議のコツ 1

物事を決めるのに必要な「権限」と「情報」を持った参加者を揃える

先ほどから繰り返し話しているように、物事を意思決定するには「権限」が必要です。また、判断を下すための材料となる「情報」も不可欠です。

よって、一度の会議で結論を出すには、必要な権限と情報を持った出席者を揃えなくてはいけません。

つまり、**会議に誰を呼ぶかがカギ**だということです。

「この件は、情報システム部門と営業部門とコンプライアンス部門の部門長が揃わないと判断できない」

「この件は、外注先のシステム会社から情報をもらわないと判断できない」

このように、**「結論を出すにはどんな権限と情報が必要か」を考え、そこから逆算して出席者を決めてください**。

必要な人物が一人でも欠ければ、その会議の時間はムダになる上、意思決定のために再度会議を開かなくてはいけなくなります。そんな二度手間を発生させないためにも、会議の手配は慎重に行なってください。

即行動につながる会議のコツ 2

会議の議題を明確にし、事前に参加者と共有しておく

「この会議で何を決めるのか」というテーマを明確にし、出席者には事前に必ず伝えます。

また、会議の冒頭でも、改めて同じことを宣言してください。

日本人は「何となく集まって、何となく終わる」という会議に慣れているので、プロマネは会議の主催者として**「この会議ではこのテーマについて必ず結論を出します」**という強い意思をはっきり伝えることが大事です。

即行動につながる会議のコツ 3

出てきた話について「報告」「決定」「未決」を分ける

会議では様々な話が飛び交うので、情報の混乱が起きやすくなります。同じ話を聞いても、それぞれが勝手に違う解釈をすることもあります。

ある部門が決定事項として進めていたのに、別の部門では「正式に決まったとは聞いていない」「部として正式なOKは出していない」などと言い出すのはよくある話です。

こうした見解のズレが発生すると、いったん進めた仕事がやり直しになり、手戻りが発生してしまいます。

このズレを防ぐためにプロマネがやるべきことは、会議で出た話を「報告」「決定」「未決」の三つの事項に分けて整理することです。

議事録を作る際は、項目ごとにこの三つのいずれかを明記することを徹底してください。


「**報告**：期間限定キャンペーンによる新規顧客獲得数　一万八〇〇〇人」

「**決定**：キャンペーン期間の延長（今年六月三十日まで）」

「**未決**：延長期間の予算の承認」


これで「期間延長が決定事項とは聞いていない」などと言うことはできなくなります。

もちろん「未決」については、できるだけ早く「決定」に変えるための会議をセッティングすることが必要です。

即行動につながる会議のコツ ４

「何を」「誰が」「いつまでに」やるかを明確にする

もう一つ、プロマネがはっきりさせなくてはいけないのは、最終的に「何を」「誰が」「いつまでに」やるかです。これはプロジェクトの定例会でもやっていることなので、他の会議でも同様に行なってください。

そして議事録には、プロジェクトマネジメントシートと同じように**「アウトプット」「担当**

者」「納期」を明記します。この三つが明確にならないと誰も動かないので、どの会議でも紙に落として可視化することを忘れないでください。

即行動につながる会議のコツ 5
会議の最後に、全員で議事録を共有する

「議事録は会議のあとで作って配るもの」と思っているかもしれませんが、会議で決まったことをすぐ行動に移すには、**議事録は会議と同時進行で作成するのが基本**です。

今はリアルタイムで議事録を作るツールがいろいろあるので、それほど難しくはありません。

書いた内容をそのままプリントアウトできるホワイトボードがあれば、プロマネが会議を進めながら決まったことをどんどんホワイトボードに書き出し、最後に全員で見解の相違がないことを確認した上で印刷すれば、議事録の出来上がりです。

もっとラフな形の情報共有でよければ、ホワイトボードをスマホで撮影し、写真をメールなどでメンバーに送るだけでも構いません。

あるいは、パソコン画面に出した議事録のフォーマットをプロジェクターで会議室の壁面などに投影し、その場で参加者にも確認してもらいながら、決まったことをどんどん打ち込んでいく方法もあります。

また、プロマネは話に集中し、議事録は誰か別の人にまとめておいてもらって、最後にプロマネも含めて全員で確認する、という手もあるでしょう。

いずれの方法でも、会議が終わる時に議事録として共有できるはずです。


なお、議事録には**「配布先」「出席者名」「作成者の個人名」「作成日」を明記**してください。

この会議で決まったことが、出席者だけで共有されるのか、オーナーや機能部門の部門長にも配布されるのかで、出席者の意識は変わります。

「オーナーも見るなら、この納期は必ず守らなくては」と気を引き締めてもらう材料にもなるので、配布先はあらかじめ決めて、議事録に書き込んでおきましょう。

出席者名を記載すれば、どのような権限と情報にもとづいて意思決定がなされたのかを確認できます。

「うちの部は聞いていない」と言われた時に、「部門長の代理で課長が出席してOKを出していただきました」などと対応できるよう、出席者名を書くことも必須です。

作成者の個人名と作成日は、「いつ誰が作ったか」という責任の所在を明確にするために記載します。これは議事録作成の基本中の基本ですが、意外と忘れがちなので注意しましょう。

実行6

様々なツールをフル活用して、プロジェクトを円滑に回していく

ここからは、定例会をさらに効率的かつ有意義なものにするための便利なツールを紹介します。

プロジェクトを円滑に回すには、定例会そのものの生産性を高めることが求められます。特に最近は、働き方が多様になり、関係者全員が一堂に会するのが難しいケースも増えています。子育てや介護で時短勤務や在宅勤務をしているメンバーもいれば、地方や海外の拠点にいるメンバーに参加してほしい場合もあるでしょう。

そんな時は、ぜひこれらのツールをうまく使いこなしてください。

●Zoom

別々の場所にいるメンバーをつないで会議をするのに便利なのが、オンラインテレビ会議システム「Ｚｏｏｍ」です。

■「オンライン会議」で使いたい便利ツール

Zoom https://zoom.us/

自社でも頻繁に使っているWeb会議システム。音質・画質が良く、接続も安定している上に、「最大100人まで同時接続可能」「ミーティングの参加者はアカウント登録不要。1クリックで即接続」「参加者全員が書き込めるオンラインホワイトボード」「画面共有機能」「ボタン1つで録画」など超便利！

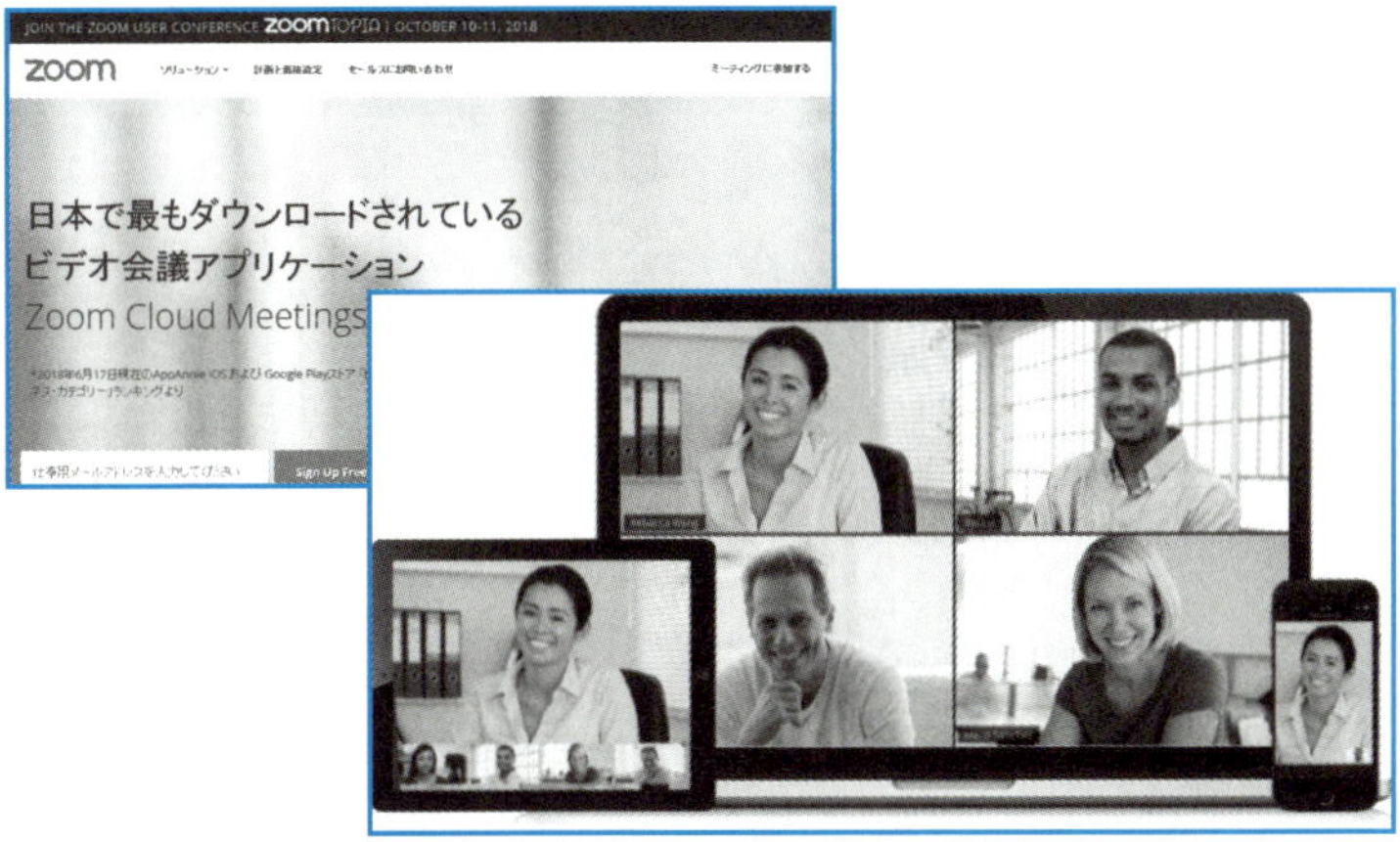

Mural https://mural.co/

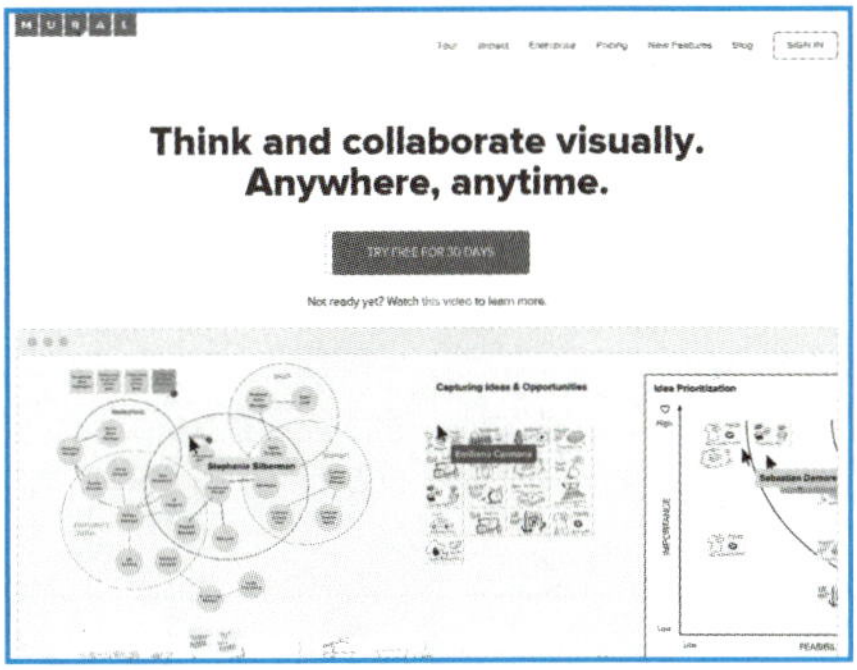

オンライン上の共有ホワイトボードに、ドラッグ&ドロップで付箋のようにペタペタと写真やテキストなどを貼っていくことが可能。「付箋を使ってタスク出しやブレストをしたいが、メンバーが別々の場所にいて集まれない」という時にも役立つ。

パソコンやタブレット、スマートフォンがあればどこからでも会議に参加できて、最大で一〇〇人まで同時接続が可能です。スカイプより音質や画質も良く、接続も安定しています。パワーポイントやホワイトボードも共有できて、その場で書き込みをしながら議論を進めることもできます。

もちろん出席者は、全員無料で利用できます。管理者は有料のアカウントを作ったほうが便利ですが、それでも月に一五ドルほどと非常に低コストです。

私の会社でも、トライズの各センターをつないだミーティングはＺｏｏｍで行なっています。また、同時通訳者を招いて月に一度社員向けに行なっている英語の授業も、Ｚｏｏｍで中継しています。

これなら、自宅や遠隔地にいるメンバーも定例会に欠かさず参加できますし、外部のビジネスパートナーや取引先に参加してほしい時も、気軽に出席をお願いできます。

お互いが場所を行き来する時間をなくして、プロジェクトの効率をより高めるためにも、積極的に活用したいツールです。

●チャットワーク

チャットワークは、一対一でもグループでもチャットができて、ファイル共有やタスク管理

■コミュニケーションが高速化するチャットツール

チャットワーク https://go.chatwork.com/ja/

特に社内のコミュニケーションは、メールよりもチャットツールを使ったほうが速い。私の会社では「チャットワーク」を使用。プロジェクトや案件ごとにグループチャットを作成し、メンバー間で情報共有・やりとりをしている。議事録をここに入れるのもお勧め。

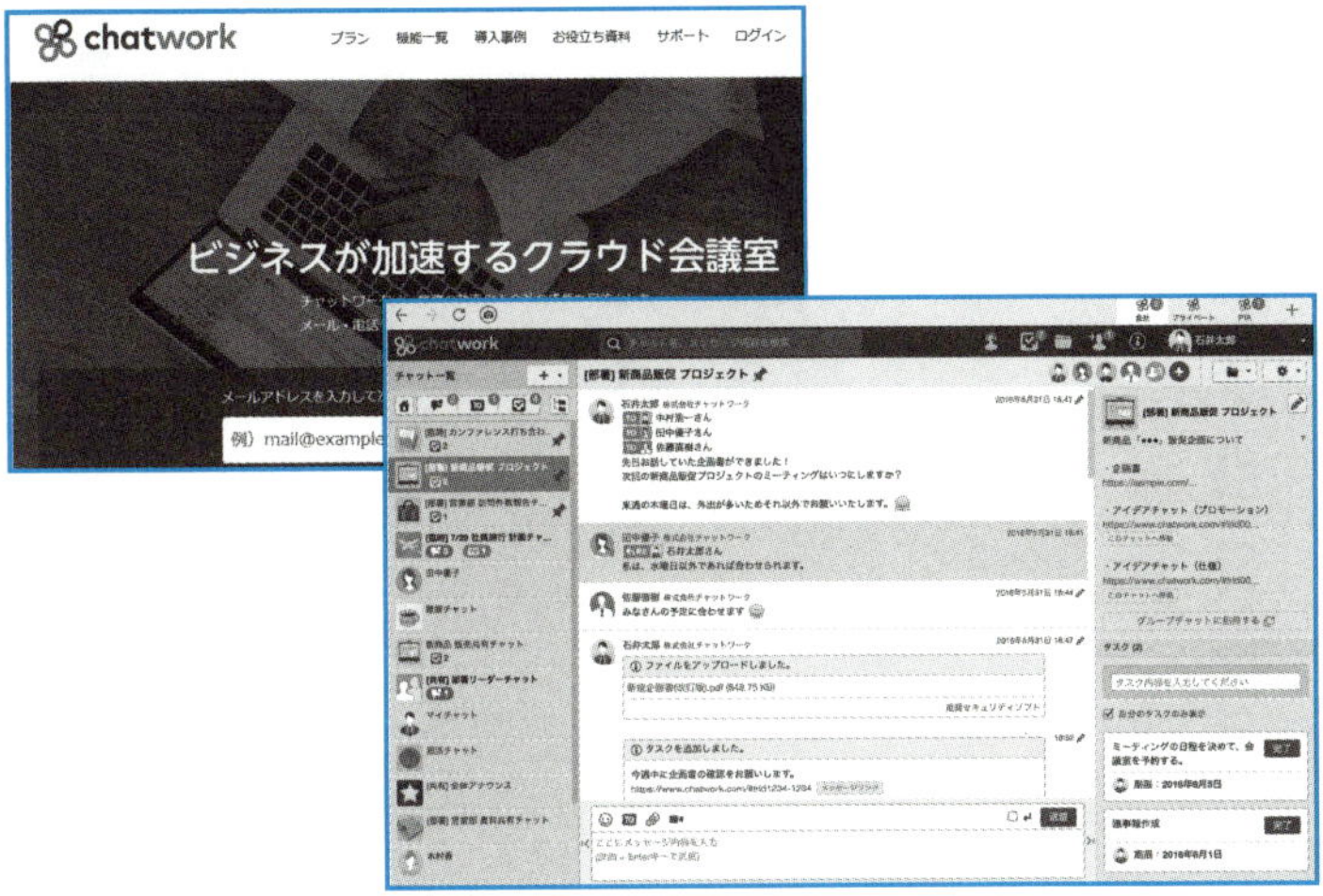

Slack https://slack.com/intl/ja-jp

同じくビジネス系チャットツールで有名なのはこれ（チャットワークは日本企業が開発したものだが、Slackはアメリカ発）。ちなみにSlackは、ソフトバンクグループのビジョン・ファンドなどから2.5億ドル（約280億円）の出資を受けたことでも話題に。

も可能なツールです。

タスクを相手に依頼したり、頼んだ相手がタスクを完了したかどうかを確認できる機能も付いているので、プロマネが仕事の割り振りをするのにも便利です。

グループチャットを使えば、同じプロジェクトの中でも「システムに関する情報共有はこのグループ」「ユーザー対応に関する情報共有はこのグループ」といったように、タスクごとに異なるメンバーと議論や報連相《ほうれんそう》ができます。

私がメールをほとんど使わない理由

余談ですが、私は最近ほとんどメールを使っていません。もっぱらチャットワークやフェイスブックのメッセンジャーを使っています。なぜかといえば、メールよりもラクでレスポンスも速いからです。また、短文が基本のツールなので長文になりにくいという長所もあります。

メールが基本という職場もまだまだ多いと思いますが、何度もメールのやりとりをするのははっきりいって時間のムダ。少なくとも、自分のプロジェクトでは**「メールはできるだけ短く、こみいったことはメールではなく必ず口頭や電話で」**をルールにしましょう。

そういえば、孫社長も「メールは三回以上やりとりするな！」とよく怒っていました。

実行7
成果物をオーナーに引き渡し、プロジェクトの評価をする

こうして無事にプロジェクトが完了したら、最後にやるべきことがあります。
それが、「オーナーへの引き渡し」と「プロジェクトの評価」です。

プロジェクトが終わったら、プロマネが責任を持って、報告書や議事録などを含む成果物をオーナーに引き渡してください。

これらの成果物には、プロジェクトで得た貴重な知見やノウハウが詰まっています。それを資産として保管し、次に同じようなプロジェクトを実行する際に役立てることが大切です。

そうすれば、次のプロジェクトではいちから試行錯誤しなくても、前回の経験を生かしてさらに効率よく最短最速でゴールを目指すことができます。日本企業の成長が鈍化しているのは、この資産管理がきちんとなされていないことにも大きな原因があります。

せっかく大変な思いをしてプロジェクトをやり遂げたのに、その経験が組織の中にナレッジとして蓄積されなければ、組織としてＰＤＣＡが回せず、同じところをいつまでもぐるぐる回るだけになります。

プロジェクトの実績を組織の成長につなげるためにも、最後はきちんとオーナーに引き渡しをしてください。

プロジェクトの評価も忘れずにやりましょう。何が成功で、何が失敗だったかを振り返ることも、次のプロジェクトにつながる資産になります。

ただし、フィードバックをもらう手段は選ぶことが大事です。

プロジェクト後に全員を集めて反省会を開くケースもあるようですが、私はあまりお勧めしません。なぜなら、結局は魔女狩りの場になってしまうことが多いからです。

反省会ではどうしても失敗に目が向くので、「あのミスはどうにかならなかったのか」「あのトラブルは防げたはず」など、暗にその担当者を責めることになりがちです。メンバーや関係者からフィードバックをもらうなら、アンケートをとるなどの方法がよいでしょう。

なお、フィードバックをもらったら、自分自身の振り返りとともに、**このプロジェクトで得**

た学びや経験をフォーマット化するのが理想です。

フォーマット化すれば、その知見を他の人も共有できます。

プロマネ個人がプロジェクト・マネジメントのプロフェッショナルとして成長したとしても、もしその人が会社を辞めてしまったら、組織にはノウハウが残りません。

プロジェクトを通して得た知見を属人化するのではなく、組織全体の資産として活用していくことが、日本企業全体を元気にしていくために必要なことではないでしょうか。

各メンバーの働きぶりや貢献を、その上司にしっかりと報告する

さらに、各メンバーの働きや貢献度について、プロマネから機能部門の部門長にフィードバックすることも大切です。

特に、良い評価ほどしっかりと部門長に伝えるべきです。

「こんなスキルを発揮してくれた」「こんな場面でチームを支えてくれた」といったポジティブな評価を伝えて、そのメンバーの業績評価に反映してほしいと頼みましょう。プロマネが高く評価していたことが部門長から本人に伝われば、相手も「ちゃんと自分の働きを見てくれていたんだな」と実感できます。

部門長にまできちんとフィードバックしてくれたことを知れば、プロマネへの信頼も生まれるでしょう。そして、また一緒にプロジェクトをやることになった時も、快く協力してくれるはずです。

自分自身の次のステップのためにも、組織の成長のためにも、**やりっ放しで終わらせず、しっかりとクロージング**してください。

プロジェクトにおいても「終わりよければ、すべてよし」をモットーとしましょう。

第5章

「想定外&トラブル」を切り抜けるリアル・ノウハウ

プロマネの「よくある悩み」に答えます!

第2章から第4章では、プロジェクト・マネジメントの基本作法を解説しました。

特別なプロジェクトはもちろん、日々の「プロジェクト的な仕事」で実践してもらえば、仕事の生産性は驚くほど上がるはずです。

ただし、実際のプロジェクトの現場では、基本のお作法だけでは対応しきれない想定外の事態やトラブルが起こることがあります。

いや、むしろ起こらないほうが珍しいでしょう。

経験の浅いプロマネは、下手をしたら心身にダメージを受ける可能性すらあります。

そして、ますます「プロマネは貧乏くじだ」というイメージが広まり、誰もプロマネを引き受けようとしなくなってしまいます。

私はいくつもの案件でプロマネを務めてきました。また、プロジェクト・マネジメントのアドバイザーも数多く引き受けてきました。

プロマネ的な仕事をしている人の相談を受けることも多々あります。

その経験から、プロマネの悩みには一定のパターンがあることはわかっています。

プロジェクト経験が少ない皆さんにとっては「想定外」や「トラブル」かもしれませんが、私にとっては「またか」「あるある」という見慣れた場面だということも多いのです。

そこで本章では、プロマネの〝よくある悩み〟にお答えしたいと思います。

Q1

どんなに注意していても、「鶴の一声」が出てしまうことはある。その時はどう対処したらいい？

A

時にはオーナーと戦うことも必要。私も孫社長とよくケンカしました。

プロマネは、時にはオーナーと戦うことも必要です。

「現場の合理的な判断として、すでにこんな意思決定をしました」

そう言い切れる自信があれば、それをはっきりと伝えるべきです。

もし〝鶴の一声〟に確たる根拠がない場合は、それで跳ね返せることもあります。

たとえ最終的に相手の言う通りにしなくてはいけなくなっても、「自分はプロマネとして正しい意思決定のプロセスを踏んでいる」という姿勢を見せることが大事です。

もちろん私も、孫社長と何度も戦いました。

ソフトバンク史上、最も多く孫社長と怒鳴り合ったのは、おそらく私だと思います。

「三木、いいことを考えたぞ。今すぐこれをやれ！」

「いやいや、待ってください！　現場はこのあいだ承認いただいた形でもう動いてるんです。どうしても納期までにやれというなら、予算と人員を追加してください！」

こんな場面がしょっちゅう繰り広げられました。

孫社長と戦うと言いましたが、要するに「品質」「コスト」「納期」を改めてすり合わせて、「この三つのバランスを変えないと、孫社長のおっしゃることは実現できませんよ」と交渉する作業だったわけです。

鶴の一声があったからといって、プロマネが「はい、わかりました！」と何でも受け入れていたら、現場は大混乱になってしまいます。

もちろん、孫社長のように強い推進力を持ったリーダーがいてこそ、前例のないビジネスや事業が次々と生み出されてきたのは間違いありません。孫社長の鶴の一声が、経営トップとして的確な判断だったことも数えきれないほどあります。

ただし実際のプロジェクトを回すには、「推進する人」だけでなく「止める人」も必要です。オーナーからの指示が妥当なものか、それとも単なる思いつきなのかを見極め、どうしても無理なことについては相手と対決する姿勢を見せること。

それがプロマネの重要な役割です。

■「鶴の一声」への良い対処法、悪い対処法

× すぐ受け入れてしまう

○「品質」「予算」「納期」の優先順位を問う

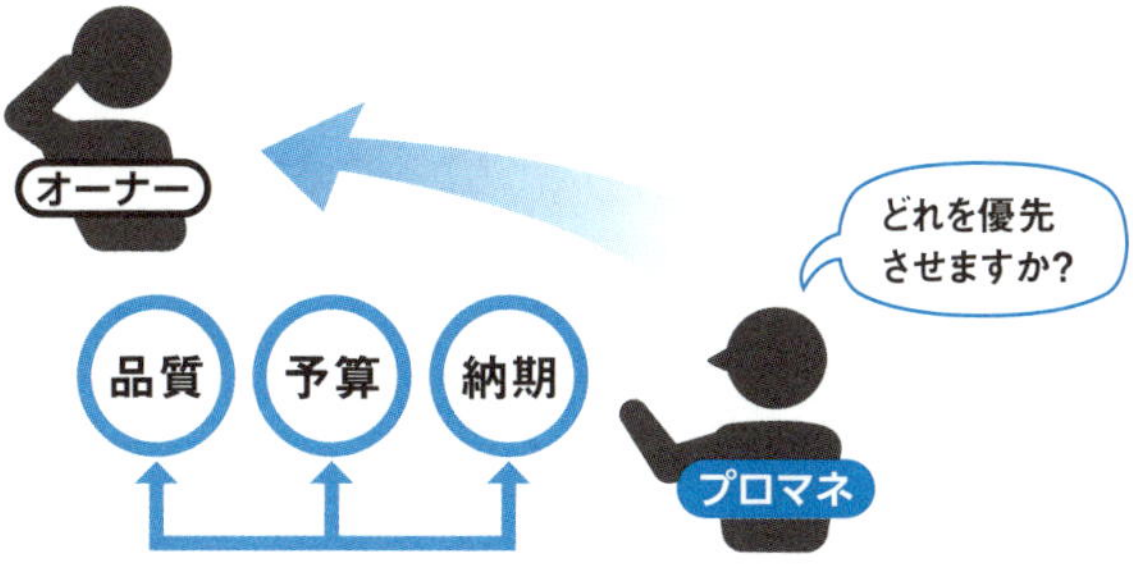

止める役割ができないプロマネは、メンバーからの信頼も失います。

「オーナーが言っているんだから、申し訳ないけど急ぎで頼むよ」

毎回そんなふうに現場に何でも押し付けていたら、「この人とはやっていられない」と次々に人が逃げていきます。

最悪なのは、オーナーと交渉するときに、できない理由をメンバーのせいにすることです。

「情報システムの仕事がいつも遅いので、たぶんその納期では無理です」

こんなふうにメンバーに責任を転嫁《てんか》するプロマネからは、やはり人が離れていきます。

納期にしろ品質にしろコストにしろ、どうしても実現できないことがあるなら、それは現場を管理するプロマネが責任を持ってオーナーに訴えるべき問題です。

オーナーの鶴の一声と戦う時は、プロマネが自分自身の責任で相手と対決するのだという心構えが必要です。

Q2

明らかに人員が足りないのに、「どこも人が足りないみたいなんだ。なんとかこれでやってくれないか」とオーナーから言われてしまった。それでも増員を要請すべきか？

A

安請け合いは厳禁。プロマネは、「上に球を投げ返すマインド」を持ちましょう。

この場合、もしオーナーが社内で強力な権限を持つ人物であれば、まずは戦ってみる必要があります。

「これだけの工程をこの人数で回すのは現実的に不可能です。オーナーの力で、各部署にもう一度掛け合ってもらえませんか」

そう言って増員を依頼するのが基本の対処法です。

ただし、オーナーにそれほど権限がない場合もあります。

社長ならすべての機能部門に対して権限を持ちますが、例えばサービス企画部門の部門長がオーナーなら、自分の権限で情報システム部門の人員を動かすことはできません。

その場合、まずはプロマネが情報システム部門の部門長に増員を依頼します。

「今の人数では納期まで六ヶ月かかるが、どうしても四ヶ月で納品しなくてはいけない。工程数から考えると、現在一〇人でやっている作業を一三人にしないと間に合わないので、あと三人出してもらえないか」

このように、プロジェクトの納期や工程などを具体的に示して交渉してください。

それでもダメなら、あとは納期を遅らせるか、品質を調整するしかありません。

これはオーナーの意思決定が必要なので、改めてオーナーであるサービス企画部門の部門長と話し合います。

「情報システムの部門長と交渉しましたが、増員はできないとのことです。現状の人員でやるしかないのであれば、納期を六ヶ月に延ばすか、あるいは四ヶ月後の時点でベータ版を納品し、その後二ヶ月でバージョンアップするか、いずれかの選択肢しかありません。どちらを優先しますか」

このように、サービス企画部門の部門長に判断を委ねます。

つまり、ボールをオーナーに投げ返すわけです。

プロマネの権限でやれることはすべてやったのですから、あとはオーナーの責任です。

オーナーも自分のところに権限が戻ってくれば、「だったら自分が直接、情報システム部門の部門長に交渉してみるか」と考えて、本部長同士で交渉するはずです。

その結果、「やっぱり人員は増やせないから納期は延ばす」という判断になるのか、「納期は絶対守る必要があるので、とりあえずベータ版を出そう」という判断になるのか。

いずれにしても、それはプロマネの責任の範囲ではありません。

プロマネは本部長同士が話し合って決めた意思決定に従い、実行するだけです。

大事なのは、プロマネが自分の権限を超えた範囲まで自力で解決しようとしないこと。

権限を持たないプロマネが権限を持つ相手と戦っても、返り討ちにあうだけです。

自分の権限でやれることをやったら、権限を本来持つべき人に戻し、上の人間の話し合いで意思決定してもらうことが必要です。

「上からふってきたことは何でも言われた通りにやらなければいけない」と思っているかもしれませんが、そんなことはありません。むしろ、安請《う》け合いは絶対にしてはいけません。

またプロマネは、自分では解決できない問題を上に投げ返すマインドや、権限を持つ人たちをうまく使いこなそうとするマインドを持つべきです。

「これはプロマネの権限ではないので、あなたが決めてくださいね」と言って、適所に権限をどんどん投げ返し、相手に意思決定させれば、プロマネは現場を回すことに集中できます。

上の人間に自分で意思決定させれば、あとになって「あのプロマネは俺が思っていたのと違うことをやっている」などとクレームをつけられることもありません。
プロマネが余計な責任を負わされないためにも、また一人で抱え込んでつぶれないためにも、権限の範囲やありかを常に意識して動くことが大切です。

Q3

オーナーである社長にチャーターを提示したが、そもそも最初から無理な予算や人手でやらせようとして、こちらが提案する内容を承認しようとしない場合は？

A

社長の責任にすること。プロマネだけが責任を負うのは回避しましょう。

まずは社長を説得するための客観的事実を揃えます。
プロジェクトの工程を細かく分けて、どのプロセスにどれだけのリソースが必要なのかを数字で明らかにしてください。
相手を説得するには、熱意や懇願《こんがん》ではなく、「数字（実数）で示す」ことが不可欠です。過去の同様の事例などを参考にすれば、具体的な実績値が出せるでしょう。

さらに、**プロマネが一人で説得するのではなく、予算や人手が不足する原因となっている機能部門のトップも交えて、オーナーと状況を共有する**ことが重要です。

営業が無理な納期で受注を受けてきてしまったのなら、営業部門のトップも同席して、用意した数字を示しながら「何がどれだけ足りないか」を客観的事実として伝えます。

そして営業部門のトップの前で、「このままでは納期が遅れて、発注先から訴訟を起こされるリスクも想定できます。追加のリソースをもらわないと、そのリスクは回避できませんが、社長はどう判断されますか」と意思決定を促しましょう。

それでも社長がリソースの追加を拒むなら、訴訟が起きた時の責任は社長が負うことになります。プロマネの責任にはなりません。

もしプロマネと営業部門のトップの間だけで対応を決めてしまったら、失敗してしまった時にプロマネがすべての責任を押し付けられることになります。

「受注しちゃったんだから、何とか頼むよ」と営業部門にプロマネが押し切られ、予算や人手が不足したままプロジェクトに突入することはよくありますが、**下の者同士だけで解決しようとするのは絶対にやめましょう**。

Q4

明らかに成功しそうにないプロジェクトが上からふってきた。どうすればいい？

A

上の人間も事情をよくわかっていないので、プロマネがボトムアップで情報を伝えましょう。

どう考えても成功しそうにないプロジェクトの話がきた場合、たいていは上の人間も事情がよくわかっていません。

組織の中で立場が上になるほど現場に関する情報が不足するため、コストやリスクがどれだけあるのかを理解していないことがほとんどです。

そこで、プロマネの出番です。

現場をよく知る人間がボトムアップで情報を上に伝え、「品質・納期・コスト」のちょうどよい落とし所を提案してください。

まずは手順通りにオーナーを明らかにした上で、チャーターを作成しましょう。

そして、プロジェクトの目標として、いくつかの選択肢を記載します。

「(A) 大手システム開発会社に外注した場合：納期一年、予算三億円」

「(B) 自社開発した場合：納期一年半、予算二億円」

あとはオーナーにどちらを選ぶか、意思決定させればいいだけです。

あるいは、正しい情報を知れば、「そもそもこれだけの予算をかけてプロジェクトをやる必要があるのか再検討する」と言い出すかもしれません。

いずれにしても、まずは現実的な情報を文字に書き起こし、オーナーに正しく理解してもらうことが先決です。


また、**プロジェクトの「品質」についてすり合わせることも大事**です。

三つの要素のうち、どうしても納期とコストに意識が向きがちなので、品質についてオーナーと合意しないままスタートしてしまうことがよくあります。

しかし、納期やコストを優先したいのであれば、なおさら品質でどうバランスをとるかが重要になります。

例えば、新しい事業拠点を立ち上げるプロジェクトで物件探しを始めたものの、なかなか条件の良い場所が見つからなかったとします。

どんな物件が市場に出るかは運みたいなものなので、なかなか場所が決まらないまま、時間はどんどん過ぎていきます。このままでは、拠点オープンの予定に間に合わなくなってしまいます。

この場合、担当者がやるべきなのは、オーナーと品質についてすり合わせることです。

「期日を優先するなら、物件のグレードを少し落としてもいいですか」

「機能性の高いシェアオフィスを見つけたので、まずはそちらで仮オープンにしてはいかがですか」

このように、品質について交渉すれば、「とにかく今回は期日優先だから、どちらでもいいよ」と意外とあっさりOKが出ることはよくあります。

あるいは、より具体的な情報とともに新たな選択肢を提示すれば、オーナーも考えを変える可能性があります。

「山手線沿線で探すようにとのご指示でしたが、中央線沿線の乗降客数を調べたところ、山手線と同等の駅がいくつか見つかりました。中央線沿線ならいくつか良い物件の候補もあるのですが、エリアを変更してもよろしいですか」

そう言われれば、オーナーも「だったら中央線沿線も悪くない」と判断するかもしれません。

繰り返しになりますが、プロマネは上からふってきたことを何でもその通りに引き受けるのが仕事ではありません。

プロマネの役目は、あくまでプロジェクトを円滑に回すこと。そのためには、現場が実行可能な条件をオーナーから引き出すことが重要だと理解してください。

Q5

上司の上司がじつは影のオーナーだったり、クライアント担当者の上司がオーナーだったりと、本当のオーナーと直接やりとりできない場合はどうすればいい？

A

チャーターを渡して「オーナーが承認した」という証拠を残しましょう。


これもチャーターを作成することが解決策になります。

担当者を介してオーナーとやりとりするしかないなら、**口頭で伝言や情報共有を頼むのは危険**です。

あとで「言った、言わない」のトラブルになるので、必ず紙に書いたものを渡してもらうようにしてください。

定例会で新たに決まったことや変更したことがあれば、その都度チャーターを書いて担当者に託し、オーナーの承認を受けます。

オーナーが定例会や会議に出てくる意思がないなら、「あなたがチャーターとして承認した内容が、プロジェクトとしての意思決定になります」ときちんと伝えることが必要です。

議事録を渡す程度だと、ただの報連相だと思われて、あとから「自分は意思決定した覚えはない」などとちゃぶ台返しをされる恐れがあります。

オーナーがプロジェクトに直接コミットしないケースほど、チャーターを交わして「オーナーのあなたはここに書かれたことを承認しました」という証拠を残して、鶴の一声を防ぐことが必要です。

Q6 プロジェクト・オーナーが複数いる場合、プロマネはどう対応すべき?

A オーナー全員が集まって合議制で意思決定する場を作りましょう。

第2章で、プロジェクト・オーナーは一人であるべきだと話しました。

しかし現実には、どうしてもオーナーを一人に絞れないこともあります。

すでに例に挙げた通り、私がプロマネを務めた日本債券信用銀行（現・あおぞら銀行）買収プロジェクトでは、ソフトバンクの孫社長、オリックスの宮内義彦会長（当時）、東京海上火災保険の樋口公啓社長（当時）の三名がオーナーでした。

企業同士が対等な合併や提携を行なう案件では、それぞれのトップがオーナーにならざるを得ません。よってどうしてもオーナーが複数になってしまうわけです。

この場合、プロマネがやるべきことは、**定期的にオーナーが集まる定例会をセッティングし、合議制で意思決定してもらう**ことです。

オーナーが複数いても、最終的に一つの結論が出れば、プロジェクトは円滑に進められます。

毎回の定例会で現場から上がってきた議題を合議にかけ、オーナーたちが出した結論を必ず紙に残して共有してください。

そうすれば、常に最新の状況に対してオーナー全員の承認が得られるので、あとで鶴の一声による手戻りが発生することはありません。

当時、日本債券信用銀行は預金保険機構の管理下に置かれていたので、プロマネである私が窓口となって預金保険機構と買収交渉を進めました。また、オリックスや東京海上火災保険から参画したプロジェクト・メンバー同士の横をつないで、現場レベルでやるべきことはどんどん決めていきました。

こうして現場で決まったことをオーナーが集まる定例会にかけて、承認をもらいながらプロジェクトを進め、何とかこの大型案件を無事にやり遂げることができたのです。

この案件のように、どうしてもオーナーを一人に絞れない場合は、オーナーが集まるステアリングコミッティ（大規模なプロジェクトにおいて意思決定や利害調整を行なう委員会のこと）や定例会などの場を作り、全員が合意の上で一つの結論を出してもらうことが重要です。

Q7 プロジェクト・メンバー選定の際に気をつけるべきこととは？

A ステークホルダーになり得るすべての部門から、必ず一人はメンバーを出してもらいましょう。また、メンバーの中に「部門間の通訳ができる人」がいるとすごくラクです。

まず大前提として理解しておきたいのは、「プロジェクトのメンバーに選ばれた人たちは、機能部門の代表者である」ということです。

プロマネに人事権はないので、誰がプロジェクトに参加するかを決めるのは、それぞれの機能部門で人事権を持つ人です。

つまり、各部門の権限者が自分の代理として派遣するのがプロジェクト・メンバーだということです。

プロジェクトが始まると、**メンバーは機能部門の権限者とプロマネをつなぐ橋渡し役**になります。

現場で何か起こるたびに、メンバーが自分の部門に持ち帰り、権限者と対応を協議して、その結果をプロジェクト側に伝えるという作業が頻繁に繰り返されます。

プロジェクトは組織横断的に行なわれるので、プロマネは横の調整が必要になるのは当然ですが、実は各部門の上司と部下の間で行なわれる〝縦の調整〟も非常に重要です。

よって、プロジェクト・メンバーの選定で重視すべきなのは、この件のステークホルダーになり得るすべての部門から人を出してもらうことです。

あとになって「しまった、この部門と縦の調整をしてくれる人が誰もいないぞ」ということにならないよう、立ち上げの時点でステークホルダーとなる機能部門をすべて洗い出し、必ず一人はメンバーを出してもらってください。

プロマネに人事権はないと言いましたが、もしメンバーを指名することが可能なら、「部門間の通訳ができる人」をメンバーに入れると仕事が非常にラクになります。

通訳ができる人とは、複数の部門の業務に通じていて、それぞれの側が理解しやすい言葉で調整や交渉ができる人のことです。

特に、業務とシステムの両方に詳しい人が一人でもいると、本当に助かります。

なぜなら、この二つのつなぎ目が最も依存関係に陥りやすく、プロジェクトの遅延につながるボトルネックになることが多いからです。

一般的に業務側の人間はシステムのことがわからず、システム側の人間は業務への理解が不足しています。

何度か例に出したように、お互いのことがわかっていれば、「入力の項目内容を決めなくても、項目数さえ決めればウェブサイトの設計に取りかかれる」といった依存関係の断ち切り方ができますが、知識がなければそんな発想はそもそも浮かびません。

でも、業務もシステムもそれなりにわかるという人間がいれば、すぐにこのボトルネックを解消できるはずです。

■「部門間の通訳ができる人」はぜひ入れたい

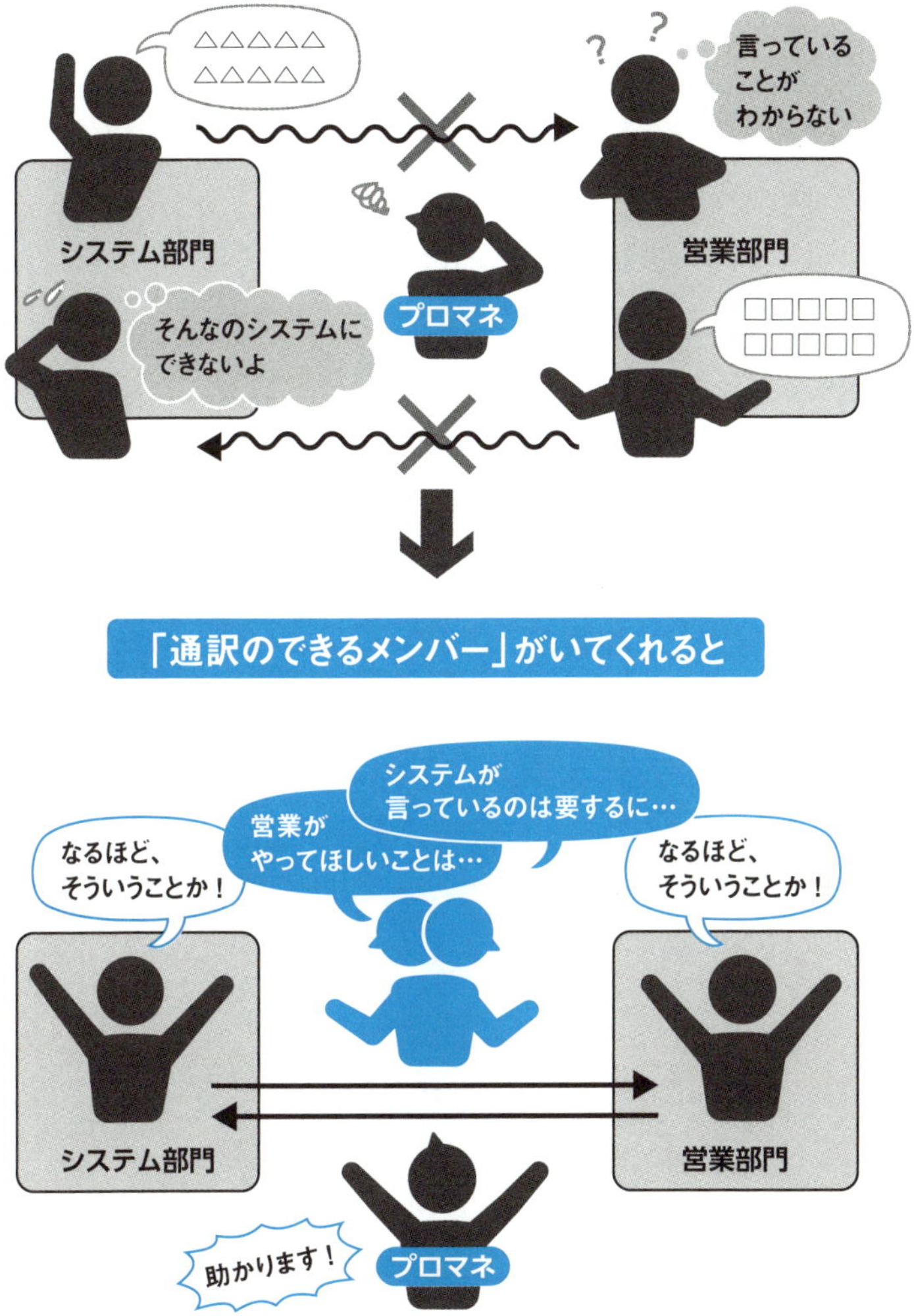

私もソフトバンク時代は、〝通訳〟に幾度となく助けられました。

現在、ＩＴ関連企業に転職して幹部を務めているＡさんは私と同時期にソフトバンクに在籍していたのですが、彼は本当に優秀な通訳でした。

サービス企画から降りてきたオーダーを聞くと、「なるほど、わかりました」と言ってシステム開発側にわかりやすく翻訳して伝え、あっという間に業務側がイメージする通りのシステムを作り上げてくれるのです。

もちろんプロマネが通訳を兼務できるならそれでもいいのですが、他にも大量にやるべきことを抱える立場としては、やはり自分の代わりにつなぎ目になってくれるメンバーがいると本当にラクです。

通訳できる人材を見抜くコツは、会議での発言に注目すること。

議論がグダグダになってきたところで、「それは結局こういうことですよね」「つまりあなたが言っているのは、こういう意味ですよね」などと整理してくれる人が、どの会社にもいるはずです。そういう人がいたら、ぜひプロジェクトにスカウトしましょう。

もし社内に人材がいなければ、外部の人間を招いてもいいと思います。

現在はどんな業務にもＩＴやシステムが関わってくるので、プロジェクト全体を円滑に進めるための大きな力になってくれるはずです。

逆に、**プロジェクト・メンバーに入れてはいけないのは、「口だけ出して、タスクを負わない人」**です。

会議であれこれ意見は出すくせに、いざタスクの割り振りの話になると、自分でタスクを引き受けることはできるだけ避けようとする。こういう「言いたいことだけ言って手を動かさない人間」が一人でもいると、他のメンバーのモチベーションは著《いちじる》しく下がってしまいます。

プロジェクト開始後に発覚してしまった場合は、ただちにその上司にフィードバックして、そうした姿勢を改めるように指導してもらいましょう。それでも変わらない場合は、メンバーチェンジをしてもらうしかありません。

Q8

所属部署の違うメンバー同士、あるいはメンバーに社外の人がいる時、お互いの話がかみ合わない場合どうすればいい？

A

まず「言葉の定義」を決めましょう。特に「納品」や「納期」の定義は必ず確認してください。

所属する部門や組織が違えば、使う言葉も異なります。

それが原因でまったくかみ合わない不毛な議論が続いたり、誤解が生じてミスやトラブルにつながる危険性もあります。

よって、言葉の定義を早い段階で確認することが必要です。

私が「Ｙａｈｏｏ！ＢＢ」のプロマネをしていた時も、こんなことがありました。

ＡＤＳＬ事業に参入するには、ＮＴＴの回線を借りてネットワークを構築する必要があります。それを担当していたのが、シスコシステムズときんでんから出向してきたメンバーでした。

ところが、この二社が使っている用語や書式がバラバラだったのです。

例えば図面を作る際、シスコはNTTの局舎を「◎」で表すのに、きんでんは「■」で記入したり、ある設備機器をシスコは英語の略称で書き込むのに、きんでんは日本語を使ったりしていました。

そのため、お互いが作成した図面が何を指すのかわからず、現場の作業が進まないというトラブルが起きていました。

それを知った私は、すぐに言語の共通化に着手しました。「局舎は『■』で統一する」「機器の名称は英語で統一する」というように、言語の定義づけをしたのです。

その結果、双方のスタッフのコミュニケーションも円滑になり、図面の作成や現場の作業も加速度的に進むようになりました。

このケースはどちらかといえば専門用語に近い言葉ですが、なかにはもっと一般的な言葉でさえ、まったく異なる意味で使われることがあります。

なかでも**「納品」や「納期」という言葉の定義には特に注意が必要**です。

この言葉を、「システムをパッケージとして納品するまで」と定義している会社もあれば、「パッケージを納入後、サポートサービスが終了するまで」と定義している会社もあります。

これを最初の時点できちんと定義して、認識を共通にしておかないと、後でとんでもないトラブルになってしまいます。場合によっては、訴訟にまでなりかねません。

プロジェクトに参加する組織が多いほど、プロマネは「言葉の定義」に気を配ることが非常に重要です。

Q9 若手がプロマネに抜擢され、年上のメンバーがいる場合、留意すべきこととは？

A 相手の年齢に関係なく礼儀を守ること。オーナーの「虎の威」も上手に借りましょう。

大事なのは、礼儀やマナーを守ることです。

これは年上のメンバーに対してだけでなく、プロマネは誰に対しても同じ口調や態度で接するべきです。

私自身、**相手が年上だろうと、若手や部下だろうと、呼び方は常に「〇〇さん」**です。呼び捨てにすることもなければ、極端にへりくだることもなく、誰に対しても同じように接することを徹底しています。

相手によって態度を変えるから、「あの人には敬語なのに、私にはぞんざいな言葉遣いだった」などと不満を抱く人が出てくるのです。

常にフラットな態度でいれば、そんな無用のトラブルは防げます。

また、プロマネより年上のメンバーが多く、チームのハンドリングが難しいと感じた場合は、**ときどきでいいのでオーナーを定例会に呼ぶと効果的**です。

プロマネがどんなに若くても、オーナーときちんとチャーターを交わして承認を得た人物であることをメンバーの前で示せるからです。

私もソフトバンク時代は周囲が年上ばかりだったので、孫社長の〝虎の威〟を時にはうまく借りていました。

若手がプロマネになると、「どうせ会社もこのプロジェクトには大して期待していないんだろう」などと考えるメンバーがいるものですが、定例会にオーナーが参加すれば、そんな思い込みも覆《くつがえ》すことができます。

キックオフはもちろんのこと、ぜひ定例会にもオーナーを呼んでください。

Q10

「仕事を他の人に割り振ることがプロマネの仕事」というのはわかるけれど、通常業務だけでも多忙な人に、予定にない仕事を割り振るのは気が引ける。少しでも気持ちよく引き受けてもらうにはどうすればいい？

A

「日頃から貸しを作っておく」「勝ち馬の評判を作る」「手戻りしないと認識させる」「会社にとっての意義を説明する」の四点を心がけましょう。

①日頃から貸しを作っておく

お金に貸し借りがあるように、仕事にも実は貸し借りというものがあります。

「この間、あの人には無理を聞いてもらったからな。これは引き受けてあげるか」

「大変な時にあの人に助けてもらったから、あの人から頼まれた仕事は断れないな」

そんなふうに思って、多少無理のある仕事の依頼を引き受けたことは誰しもあるのではないでしょうか。

プロマネも、日頃から関係者に貸しを作っておくことが実はとても重要です。そうすれば、仕事を頼んだ時も、相手は「この前は助けてもらったから、今度は自分が助けてあげよう」と思ってくれます。

私がソフトバンク時代にプロマネを任された時、**自分より年齢や経験が上の幹部たちから協力を得ることができたのも、「まずは貸しを作る」を心がけたから**です。

孫社長はその時々で自分の優先順位にもとづいて行動するため、スケジュールがどんどん変わりました。会議が白熱してくると、後ろに予定が入っているにもかかわらず、「このまま会議を続けるから、今日のアポは全部飛ばしてくれ！」と平気で言い出します。

困るのは、孫社長に稟議をもらうために待っている幹部たちです。

「今日中に孫社長の稟議をもらわないと、取引先と契約できないんだよ」

そう言って、孫社長の会議が終わるまで何時間も社長室の前で待たされる様子を見かねて、私は「孫社長の手が空いたタイミングを見て、自分が代わりに承認をもらっておきます」と助けを買って出ました。

そして、スキを見ては孫社長に書類にサインをしてもらったのです。

外出する孫社長を追いかけて一緒に車に乗り込み、サインをもらったら信号で止まった瞬間に車を降り、また会社に走って帰ることもありました。

私のそんな苦労がどうやら幹部たちにも伝わったらしく、「三木に頼むと面倒ごとを片付けてくれるから、今度何か頼まれたら協力してやろう」と思ってくれたのでしょう。

私がプロマネを任されると、幹部たちは積極的に力を貸してくれました。


日本の会社では、よく経営トップが新規事業の担当者を外部からヘッドハントして連れてくることがあります。

しかし、その大半は失敗に終わります。

なぜなら、その担当者と他のメンバーとの間に貸し借りがまったくないからです。

新規事業ですから、その会社の既存事業とはまったく異なる業界の出身者であることがほとんどです。小売業界のプロジェクトにIT業界出身者がきたり、IT業界のプロジェクトにコンサルティング業界出身者がきたりということはよくあります。

その会社に何の貢献もしていない人が、いきなり新規事業を任されたらどうなるか。

待ち受けているのは、メンバーからの反発です。

「現場のことを何も知らないくせに」「自分では売上を上げていないのに、偉そうなことばかり言って」とプロジェクト内に不満が渦巻《うずま》くことになります。

しかも、その人を連れてきた社長が「彼はとても優秀だから、みんなも言うことをよく聞いてくれ」などと言おうものなら、反発はさらに高まります。

反発どころか、「あいつを引きずり落としてやる」と思われて、周囲は何も協力しなくなります。

私は様々な企業や組織のプロジェクトを見てきましたが、外から新規事業の担当者を連れてきて成功したケースは全体の一割もないはずです。

そんな失敗をしないためには、自分が**もし新規事業担当のプロマネになったら、まずは社内の人間が嫌がってやらない仕事を進んで引き受けるなどして、周囲に貸しを作る**ことから始めるべきです。

人から力を借りたいなら、まずは自分が人に力を貸す。

これが、いざという時に味方になってくれる人を増やすためのコツです。

②勝ち馬の評判を作る

人は誰でも「勝ち馬に乗りたい」と思っています。

プロマネであれ、上司であれ、「この人についていけば勝てる」と思えば、皆がその人の近くに集まってきます。

第1章で話した通り、「Ｙａｈｏｏ！ＢＢ」のプロジェクトを立ち上げるにあたって孫社長がメンバーを集めた時は、社員たちの多くがその場から逃げ出しました。

当時のソフトバンクは新規事業や新会社設立が成功する打率が下がっていた時期なので、孫社長ほどのリーダーでも、人に逃げられてしまったわけです。

よって、プロマネとして周囲から協力を得たいなら、通常業務でもコツコツと実績を上げて、「あの人についていけば、自分たちがひどい目に遭うことはないだろう」と思わせることが大切です。

③手戻りしないと認識させる

仕事をしていて最もストレスが溜まるのは、手戻りの発生です。

しかも自分の責任ではなく、上司やプロマネの管理不行届で二度手間、三度手間が発生することほど腹立たしいことはありません。

そうなれば、「こんなムダなことをさせるなら、もうあのプロマネの依頼は引き受けたくない」とメンバーが考えるのも無理はありません。

こんな事態を回避するには、第2章から第4章で紹介した手順を踏んで、オーナーの鶴の一声やスケジュール管理の甘さによる手戻りが発生しないように努力し、メンバーに**「この人が割り振る仕事なら、余計な手間は発生しないだろう」と信頼してもらう**ことが必要です。

④会社にとっての意義を説明する

自分の仕事がどのように会社に貢献しているのかがわかれば、相手もやりがいを持って仕事に取り組んでくれます。

単に「急ぎだから早くやって」ではなく、「このタスクを納期までにやってくれれば、会社が社運をかけている新サービスを期日通りにリリースできるんだよ」といった言い方をして、会社にとってその仕事がどんな意義を持つのか説明するようにしましょう。

Q11

社長からのむちゃぶりで、プロマネを務めなくてはいけなくなったが、関係部門は参加に極めて消極的。かといって、「社長の案件なんだから頼むよ」などと言えば、かえって反感を買ってしまいそう。その言葉を使わずに、協力してもらうには？

A

「何かあれば責任をとる」という逃げない姿勢を示しましょう。

まずは基本的な心構えとして、第3章で説明した通り、「早めにタスクを割り振ること」と

「頼む仕事はできるだけ細分化すること」を実践してください。これを実行できれば、オーナーの名前を持ち出さなくても、メンバーに負担をかけずに仕事を依頼できます。

それができない緊急事態の場合は、「最もリスクが高く大変な部分は、プロマネが引き受ける」という姿勢を見せましょう。つまり、「何かあった時は自分が責任をとるし、逃げるつもりはない」という姿勢を示すことが大切です。

もし営業部門が無理な納期で受注をとってきたとしても、そのまま現場に押し付けるのではなく、「自分が責任を持って営業と調整する」と宣言し、実際に行動する必要があります。

あるいは、納期を守れなかった場合にクレームが殺到するであろうコールセンターなどのサポート部門に、「もしもの時の対応は自分が引き受ける」と伝えることも必要です。

とにかく**「このプロマネは逃げない人だ」と思ってもらう**ことを常に意識してください。

プロマネは、それぞれのタスクの専門家であるメンバーに仕事を割り振るのが仕事ですが、社内でそのタスクをできる人が誰もいない場合もあります。そういう「誰にも割り振れない仕事」はプロマネが逃げずに引き受けなくてはいけません。

時には、プロマネが外部から人材やリソースを探してくることも求められます。例えば、AIを活用して業務の効率化を目指すプロジェクトを任されたものの、社内にAIの専門家がいないのであれば、外部の企業が提供するＡＩを使ったプラットフォームを探してきて、簡単な運用だけは自社でやるといったやり方も検討する必要があるでしょう。

なんでもメンバーに押し付けるのではなく、「より効率的に問題を解決する手段はないか」と考えることも、プロマネの大事な責務です。

Q12 スキルやモチベーションが低いために、定例会でやるべきタスクを共有しても、なかなかその通りに進められないメンバーがいる時は？

A **メンバーを育成する責任は機能部門の責任者にあります。部門長にフィードバックして対処を求めましょう。**

すでに何度か話している通り、プロマネに人事権はありません。メンバーを評価する権限も、教育・指導する権限もありません。

ですから、メンバーの能力やスキル、資質が不足していることに関して、プロマネができることはないと割り切るべきです。

もしモチベーションが低かったり、どうしても納期を守れないメンバーがいる場合は、第4章で説明した通り、人事権を持つ機能部門の部門長にフィードバックしてください。部下であるメンバーを育成する責任は、部門長にあるからです。

プロマネが報告しなければ、プロジェクトでの振る舞いは部門長に伝わりません。

「あいつはいつもちゃんと仕事をしているから、プロジェクトでも頑張っているだろう」

部門長はそう思っていますから、問題があるならプロマネが知らせなければ、何も対応はしてもらえません。

事実をきちんと伝えて、部門長からメンバーに指導や教育をしてもらい、それでもメンバー本人に改善が見られなければ、人員の交代か増員を部門長に依頼するというのが正当な手順です。

ここで重要なのは、毎週の定例会でメンバーと共有しているプロジェクトマネジメントシートの記録にもとづき、「このようにアウトプットを出すと約束したが、三回に二回は納期を守ってもらえない」などと客観的事実を示すことです。

よくありがちな失敗は、「あいつは仕事ができないダメなやつだから、他の人に変えてくれ！」といった、メンバーの人格を攻撃するような言い方をしてしまうことです。

どんなにダメな部下でも、他人から非難されればカチンとくるのが上司というものです。

感情的にならず、あくまで事実にもとづいた冷静なフィードバックを心がけましょう。

Q13

メンバーの一人から「そんなに細かく進捗管理されたらやる気が下がります」と言われてしまった。でも、そのままにしていたら危ないという直感が働く。どうすればいい？

A

「何か困っていることはある？」と聞いてあげましょう。


あなたの言う通り、そんなことを言い出すメンバーほど要注意です。

自信を持って仕事をしている人なら、むしろ進捗を確認されるのを喜びます。

「見てください、こんなに進みましたよ！」

そう言いたくて仕方ないのが人間というものです。

逆にいえば、**進捗管理を嫌がる人間は、何かうまくいっていないことを隠している**と考えるべきです。

ですから、そんなメンバーがいたら、「何か困っていることはある？」と聞いてあげてください。

もしかしたら、プロマネが気づいていないところでタスクの依存関係が発生していて、「あの人の仕事が終わらないと自分の仕事ができないけど、下手にもめたくないからなかなか言い出せない」といった悩みを抱えているかもしれません。

それなら、プロマネがタスクの調整をすることで、問題をすぐに解決できます。

「やる気が下がります」というネガティブな言葉が飛んできても、「やっぱりあいつはダメなんだ」などと決めつけず、その原因を探ることがプロマネの役目だと心得ましょう。

メンバーが自分の進捗や仕事の状況をオープンにするのを嫌がると、**「仕事がブラックボックス化する」という問題**も発生します。

プロマネにも最新の情報を報連相しないまま、もしそのメンバーが体調を崩して休職したり、転職したりしてしまったら、他の人間ではリカバーできません。

最悪の場合、メンバーがクライアントを連れて転職してしまうこともあります。そうなれば、自分の会社に与える損失は計り知れません。

常にメンバーとオープンな関係を築き、情報を共有することは、リスク管理においても非常に重要です。

Q14 メンバーのモチベーションが下がっていると感じたら、プロマネはどうすべきか？

A 原因を突き止め、改善する。それでもダメなら、部門長の権限を借りましょう。

プロマネにメンバーを育成する責任はないと言いましたが、日々の仕事の中で「どうもやる気が低下しているな」という程度で、いちいち機能部門に人員の交代を掛け合っていてはきりがありません。

基本的には、できる限り、今いる人員で仕事を回すのが理想ですから、メンバーのモチベーションが下がっていると感じたら、まずはその原因を把握することが必要です。

原因を突き止めた結果、実はタスクの細分化ができていなくて、メンバー一人にかかる負担が増大していたり、無理なスケジュールを押し付けられている場合は、本人ではなくプロマネ自身に責任があります。

その場合は、改めて第2章〜第4章の手順を確認し、適切なタスクの割り振りを行なってください。

一方、部門横断的なプロジェクトでは、専任はプロマネだけで、メンバーの大半がパートタイムということもあります。

この場合、メンバー自身はプロジェクトの重要性を理解せず、「本来の業務の片手間にやればいい」と考えている可能性もあります。

それなら機能部門の部門長にその現状を伝えて、部門長から「会社や自部門にとって、このプロジェクトがどんな意義を持つのか」を説明してもらいましょう。

直属の上司を巻き込んでしまうのが、最も早い解決法です。

繰り返しになりますが、人事権を持たないプロマネができることは限られます。

だからこそ、**何でもかんでもプロマネが一人で抱え込まないことが大切**です。

「メンバーの教育やモチベーション管理は部門長に任せる」と割り切って、プロマネ本来の役目に集中するようにしましょう。

Q15 メンバーの状態をいち早く察知するために、すべきことは？

A 定例会の出席状況が目安になります。

大人数が参加するプロジェクトでは、そもそもメンバーのモチベーションが下がっているかどうかさえ把握が難しいこともあります。

そこで、メンバーの状態を知る指針になるのが、定例会です。

定例会に遅刻したり、欠席したりするメンバーがいたら、その人は要注意の状態だと認識してください。

モチベーションが下がると、ごく簡単な約束さえ守れなくなります。

「週に一度、決まった日時に会議に参加する」というタスクは、それほど難易度が高くはありません。

それができないようなら、クライアントとの重要な打ち合わせに遅刻したり、大事な納期を平気で破ったりする可能性があります。

定例会での遅刻や欠席が目立つメンバーがいたら、すぐに部門長にフィードバックし、適切に対処してもらいましょう。

また、当然ですが、メンバーが連日深夜まで残業したり、休日出勤するようになったら、プロジェクトは危険水域に入ったと考えるべきです。

すぐさまオーナーと交渉して、「納期・コスト・品質」の調整をしてください。

Q16

メンバー同士でいさかいが発生し、プロマネの自分が板挟みに。両者の言い分もわかるし、どちらに味方をしても、いずれか片方から反感を買い、今後のプロジェクト進行に支障がありそう……。

A

両者の言い分を聞いて、いさかいの原因を事実や数字で客観的に把握しましょう。

まずは冷静に事実を把握しましょう。

「あいつはひどい」「あいつは許せない」と言い合っているだけでは物事は解決しません。

何がひどいのか、何が許せないのか。その原因となっている事実を両者から直接聞き出すことが必要です。

例えば、コールセンターの担当者が「営業が自分の数字を上げようとして無理に受注を取って来るから、コールセンターにクレームがたくさん来ている」と怒っていたとします。

その場合、プロマネがやるべきことは「たくさん」とは数字にすると何人なのか、クレームの内容はどういうものなのかを把握することです。

「クレームがたくさん来る」といっても、実は「お客様一〇〇〇人のうち、クレームは三人」という確率だったりします。

クレームの内容を調べてみると、そもそも営業が原因ではなく、契約書の約款《やっかん》に不備があったり、プロダクトの製造工程に問題があったりすることもあります。

原因がわかれば、あとは約款を修正したり、製造部門に情報提供して対応を依頼すれば、問題はすぐに解決します。

また、不平不満を感じているのは自分だけではないことをアピールするためなのか、「みんなが怒っています」「みんなが困っています」という言葉もよく出てきます。

たいていの場合、怒っていたり困っていたりするのは「みんな」ではないので、そこは

■メンバー同士がもめた時のポイント

■ 両者の言い分を直接聞く

■ 事実を詳しく把握する

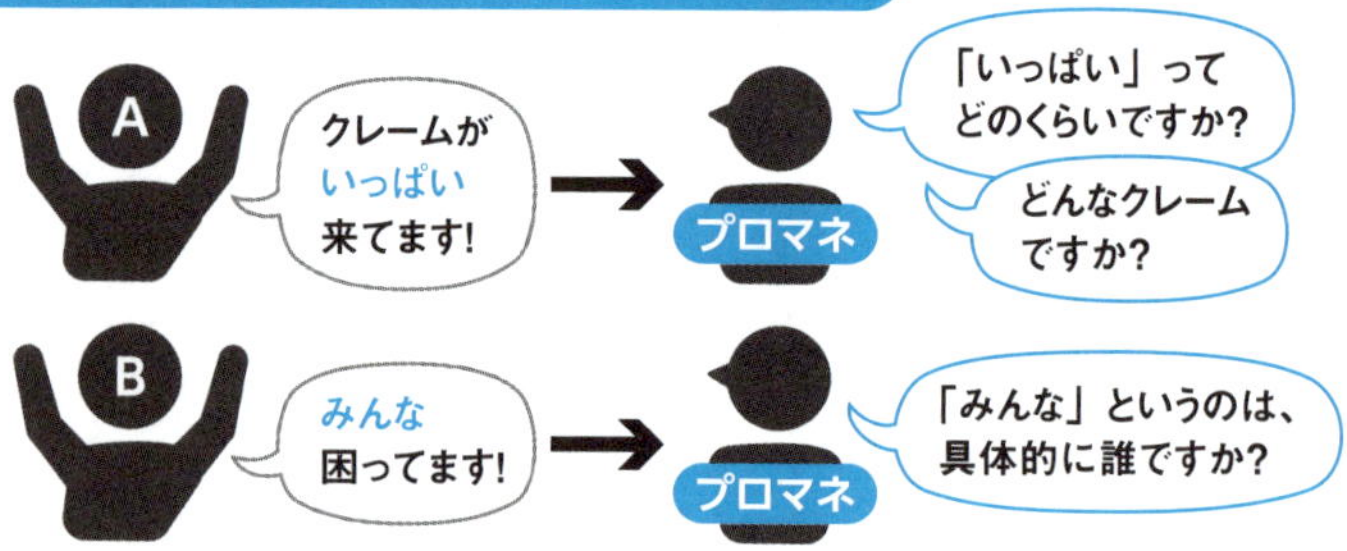

■ 「ヒトゴト」ではなく「モノゴト」にする

『みんな』というのは、誰だか教えてもらえますか」「他のメンバーがどんな不満を持っているか、直接聞いてみていいですか」などと冷静に確認しなければなりません。

重要なのは、どちらか一方の言い分を鵜呑《うの》みにしたり、伝聞だけで判断したりせず、物事を事実として把握することです。

そうすれば、いさかいの原因を取り除き、プロマネとしてその場を収めることができます。

Q17 急な納期前倒しが発生してしまった時に、真っ先にやるべきことは?

A **お金で決着をつけるか、アウトプットを細切れにして段階的に納品するかの二択です。**

優先順位を確認し、必要ならコストの見直しをオーナーに要請してください。

結局のところ、納期とお金はトレードオフであることがほとんどです。

納期が前倒しになれば、人手を増やすしかありません。

複数のプロジェクトが走っていて、「Aプロジェクトが前倒しになったので、BプロジェクトとCプロジェクトの納期を遅らせて、その分のリソースをAに回します」といった調整ができればいいのですが、それが無理なら外部から追加で人手を調達するしかありません。

社内から人を出してもらうにしても、外部にアウトソースするにしても、お金が必要です。リソースはそのままで納期を前倒しするのは現実的に不可能なので、オーナーに「予算を追加して納期を前倒しするか、予算も納期もそのままでいくか」の優先順位を判断してもらうしかありません。

どうしても予算を追加できず、納期も遅らせることができないなら、アウトプットを細切れにしてみるという方法もあります。

そして、段階的な納品ができないか、オーナーと調整してください。

当初は三ヶ月後にウェブサイトを納品する約束だったのが、急に一ヶ月後に前倒しになったとしましょう。

その場合は、ウェブサイトを作るプロセスを細かく分けて、一ヶ月後の納期までに絶対にやらなくてはいけないことと、その後でも間に合うことを確認します。

「一ヶ月後が新サービスの申し込み受付開始日だから、その日に必ずサイトをオープンしなくてはいけない」

それが前倒しの理由なら、こんな交渉ができるはずです。

「では、一ヶ月後に申し込みページだけを先行して納品します。その代わり、申し込み受付のステータスに直接関係しない分析ツールの組み込みやその他のコンテンツ制作は、当初の納期だった三ヶ月後までに段階的に納品します。このやり方なら人手や予算は今のままで対応できますが、いかがですか」

こうして、アウトプットを小さく分解し、相手が希望する納期までにできることとできないことを整理して提示すれば、オーナーも「それでいい」と納得する可能性があります。

もし納得しないなら、「それなら、やはり追加の予算が必要です」という交渉に戻ります。

いくらオーナーの言うことでも、人手も時間もお金も足りないなら、希望を叶えることは不可能です。

繰り返しになりますが、プロマネは上から言われたことを何でもその通りに受け入れるのではなく、**「何ができて何ができないのか」という現場の正しい情報を下からボトムアップで伝える**ことが重要だと考えてください。

Q18

自分が「立ち上げ」の時に立てた仮説が間違っていたことにあとで気づいた場合、方向転換や軌道修正をプロマネ自身が決断しなければいけない時がある。そのために、大量の手戻りなどが発生し、メンバーに負担をかけてしまう場合、方向転換をためらってしまうプロマネもいると思うが、そういう経験をしたことはないか？

A

しょっちゅうあります。だからこそ、日頃は手戻りを発生させないことが大事です。

もちろん私にも経験があります。

というより、プロマネをしていれば、そんなことはしょっちゅうあります。ビジネスは実際にやってみないとわからないことばかりです。いくら綿密に計画したとしても、仮説はあくまでも〝仮の説〟ですから、検証の結果、方向転換や軌道修正がまったく起こらないなどということはあり得ません。

大事なことは、どうしても避けられない手戻りが発生した時に、メンバーが「この場合は仕方ない」と納得してくれる状況を日頃から作っておくことです。

そのためには、普段の仕事の中で無用な手戻りを発生させないこと。これが一番有効です。

手戻りが日常的に起こるプロジェクトだったら、メンバーも「またか」「いい加減にしてよ」と反発し、本当にやむを得ない手戻りだったとしても引き受けてくれなくなります。

でも、**普段は手戻りがほとんどないプロマネなら、「あの人が頼むのだから、どうしても必要な作業なのだろう」と納得してくれる**はずです。

他にも、すでに解説したように普段から仕事を小さくして早めに割り振ったり、日頃から貸しを作ったりして、「あの人が言うなら引き受けてあげよう」と思ってもらえる振る舞いをすることが大事です。

私もトライズの事業では、試行錯誤を繰り返しています。

経営者としてどうしても必要な方向転換だと判断した場合は、たとえ現場に手戻りが発生してしまう場合であっても方向転換し、その理由を丁寧に説明して理解を得るようにしています。

現場に混乱が起こることは私自身が百も承知です。

しかし、目指すゴールを達成するためには、必要な方向転換をしないことのほうが大きなリスクになります。軌道修正をためらった結果、チームとしてゴールを達成できなければ、結局はメンバーに多大な迷惑や損害を与えてしまいます。

これは事業経営の話ですが、プロジェクトも同じです。

チームにとって必要な方向転換を速《すみ》やかに実行するためにも、プロマネは「いざという時にメンバーが手戻りを引き受けてくれる状況」を作るように心がけてください。

Q19

プロジェクト・オーナーの突然の交代、キーとなるメンバーの突然の離脱。どうすればいい？

A

オーナーの交代にプロマネの力で対応するのは厳しい。重要メンバーが抜けた穴は、外部の人材をうまく活用して埋めましょう。


オーナーが変わってしまった場合、プロマネの力で何とかするのは正直言って厳しいでしょう。

社長が他業界やコンサルティング業界から人材を集めて新規事業開発プロジェクトを始めたものの、その社長が失脚して新社長が就任した途端、プロジェクトは解散になったという話はいくらでもあります。

新しいオーナーが前オーナーの方針を踏襲する人物ならいいのですが、社内に味方が少なかったから失脚するのであって、次に就任する社長は前社長の実績を否定する意味も込めて、真逆の経営方針をとることがほとんどです。

そうなれば残念ながら、プロマネもオーナーの意向に従うしかありません。

重要なメンバーが離脱した場合は、別の人材を連れてきてカバーするしかないでしょう。離脱者が専門的なスキルや知識を持っているがゆえに重宝されていたのであれば、外部から同じ分野の専門家をスカウトするのが最も手っ取り早い解決手段です。

キーとなるメンバーの代わりですから、できればプロマネと同じオフィスに常駐してもらうのがベターです。

私がソフトバンク時代に「Ｙａｈｏｏ！ＢＢ」のプロマネを務めた時も、モデムメーカーの担当者に常駐してもらいました。

中国の工場で生産しているモデムの品質に問題が起きた時は、大手機器メーカーの品質管理部門にお願いして、この分野のプロをチームで派遣してもらいました。

現在も、私の会社には広告代理店から出向してきたメンバーがいます。トライズの知名度を上げるためのプロモーションやＰＲに力を入れているフェーズなので、広告宣伝のプロに力を貸してもらう必要があるからです。

このように、外部の人材でも身内のように動いてもらうことは可能です。抜けたメンバーの穴をどうしても社内のリソースだけで補えないなら、外部の力をうまく活用するのもプロマネの手腕です。

Q20 自分の部下をプロジェクトに派遣する部門長が、意識すべきことは？

A 部門内にあるナレッジの標準化と、適材適所へのリソース配分を実践しましょう。

部門内での知見やノウハウを標準化し、フォーマットとして持ち出せるようにしておくと、プロジェクト側は非常に助かります。

あなたが情報システムの部門長なら、「会員登録ページを作る時のフォーマット」「業務管理ツールを作る時のフォーマット」などとパターン別にスタンダードな手順や仕組みを標準化しておけば、部下が参加するプロジェクトのテーマに合わせてそれを提供できます。

プログラムやシステムのパーツをゼロから構築するのではなく、すでにある基本形をアレンジすればいいので、担当者が実際に手を動かす工程や時間を大幅に短縮できます。

これなら納期が厳しいプロジェクトでも、プロマネはスケジュールを調整しやすくなります。メンバーとして参画している部下も、長時間労働を強いられることなく、効率的に仕事ができます。その結果、あなたの部門長としての社内的評価も高まるでしょう。

また、これからプロジェクト的な仕事が増えれば、**部門長は「プロジェクト・メンバーのアロケーション（割り当て、配分）」という重要な仕事を担う**ことになります。

プロジェクトが扱うテーマや目指すゴールに合わせて、誰を入れれば最も生産性が高まるかを判断し、メンバーを最適化するのが部門長の役割になるわけです。

それには、自部門の社員それぞれの能力やキャパシティを総合的に判断し、「決済関連のシステムなら、経験のあるAさんがいいだろう」「このプログラムの難易度なら、若手のBさんでも十分やれるはずだ」といった見極めをしなくてはいけません。

特に、社内にいくつものプロジェクトが走っている時は、「どの案件に、どのリソースを、どれくらい配分するか」というアロケーションを考えることが非常に重要です。

それができる部門長は、ますます評価が高まるでしょう。

さらには、プロジェクトからの要請に応えられるよう、自部門の社員たちの教育やキャリアプランの構築も適切に行なっていくことが求められます。

これまで何度か話してきた通り、メンバーの教育や訓練はプロマネの役割ではありません。それは、所属先の部門長が担うべきタスクです。

よって、社内のニーズと本人の資質や志向を考慮しながら、「Cさんは決済関連のスキルは十分だから、次は業務フローのことを勉強させよう」「Dさんはシステムと業務をひと通りわかっているから、外部でPMBOKの研修を受けてもらい、一年後にはプロマネを任せられるように育てよう」といったキャリアパスや育成プランを組み立てていくのも、部門長の大切な仕事になります。

社内にプロジェクト的な仕事が増えるほど、いかにプロジェクトに役立つリソースを提供できるかが、部門長の評価を決める重要な柱となることを理解しておきましょう。

Q21

プロマネを経験するチャンスが今の会社ではまったくない。「プロマネ」力を鍛える何かいい方法はないか？

A

「マネージャー・ゲーム」などのトレーニングがお勧めです。

「プロマネ」力はトレーニングで鍛えることも可能です。

例えば、研修プログラムとしては定番となっているものに**「マネージャー・ゲーム」**があります。

これは『職場の人間関係づくりトレーニング』（星野欣生著／金子書房）という良書で紹介されているもので、私の会社の研修でも取り入れています。

五人一組になり、マネージャー・グループリーダー・スタッフ（一般社員）の役割を決めて、各自に指示書が渡されます。

その指示を達成するために五人の間でコミュニケーションするのですが、会話をするのは禁止で、メモによる伝達のみとします。また、情報伝達は隣の人としかしてはいけない決まりになっており、したがってマネージャーはスタッフと直接やりとりすることはできません（左図参照）。

実際にやってみるとわかりますが、マネージャーが「情報のハブ」にならないと、全員に正しく指示が伝わりません。

この体験を通して、マネージャー役の人が「ゴールを明快にすること」「情報を集約すること」「分担を決めること」の三つの役割を果たす重要性が理解できるわけです。

もちろん、プロマネのスキルは実践で身につく部分も多いのですが、プロマネ初心者や若手にプロマネの役割やミッションを意識づけするには、こうしたトレーニングも活用することをお勧めします。

■「プロマネ」力を鍛えるためのお勧め書籍

『職場の人間関係づくりトレーニング』（星野欣生著／金子書房）

本文で紹介した「マネージャー・ゲーム」をはじめ、様々なエクササイズを紹介してくれている良書。「人間関係（コミュニケーション）の調整役」であるプロマネにとって有効なヒントも多い。職場の同僚とぜひエクササイズをやってみよう。

マネージャー・ゲーム

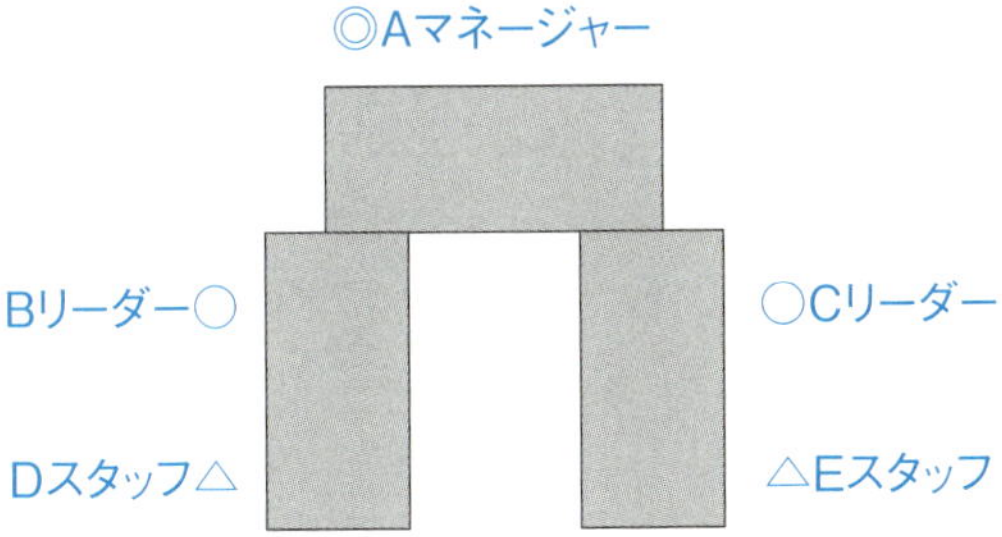

- 基本的に５人で行なう（６～７人でも可）
- マネージャー、グループリーダー、スタッフに、それぞれ指示書の入った封筒が配られる
- 作業は無言でする。コミュニケーションは伝達用紙を使用
- 情報の伝達は、隣同士にしかできない
- マネージャーが手を挙げて作業の終了を告げると、チームの課題が達成されているかどうかをファシリテーターが確認
- 課題が達成されるまで無言で作業を続ける

出典：『職場の人間関係づくりトレーニング』の103～104ページの記述を一部要約

第6章

究極の「プロマネ」仕事術・孫社長流「新規事業立ち上げ術」

「リスク」を最小化し、「リターン」を最大化する秘訣ここまで見てきた通り、「プロジェクト的な仕事」は日常業務の中にも増えています。一方で、日常業務とは明らかに違う「特別なプロジェクト」も存在します。新規事業の立ち上げプロジェクトは、その代表格でしょう。

AIやブロックチェーンといったテクノロジーの進化に加え、既存事業だけではグローバル競争で勝ち残れないという危機感から、新規事業開発を目的としたプロジェクトを積極的に立ち上げる日本企業が多くなりました。また、個人で起業を考える人も増えているようです。

私は孫社長のもとで、数々の事業が立ち上がる過程を間近で見てきました。また、自らもプロマネとしてその多くに関わってきました。

これらの貴重な経験を通して、孫社長流の新規事業立ち上げノウハウを存分に学ぶことができたのは本当に幸運でした。

その経験を生かし、私自身も起業を果たしました。教育関連を中心にいくつもの事業を立ち上げ、現在は英会話学習プログラム事業「TORAIZ（トライズ）」に力を入れています。加えて複数のベンチャー企業でアドバイザーを務め、孫社長流ノウハウを経営者に伝えてきました。その結果、創業から短期間で上場を果たした企業がいくつも出ています。

そこで本章では、究極のプロマネ仕事術と言える「新規事業立ち上げプロジェクト」について、その成功の極意を紹介しましょう。

ソフトバンクと多くの日本企業の決定的な違い

孫社長といえば、世間では「リスクを恐れない勝負師」「未来を読む天才」といった印象を持たれているのではないでしょうか。

でも、間近で接してきた私の見方は少し違います。

もちろん、リスクをとって様々な勝負を挑んできたのは事実ですし、先を見通す力も私のような凡人よりは格段に優れています。

ただし、**孫社長がリスクを恐れていないかといえば、そんなことはありません。**

むしろ、**人一倍リスクを意識**しています。

天才的な経営センスを持つ孫社長でさえ、予測を外すことはいくらでもあります。だからこそ、孫社長自身も「未来は完全には予見できない」という前提で物事を考えているのです。

現在は不確実性が高い時代です。変化が激しく、先行きは不透明で、何事も計画通りにはいきません。

未来が予測できない中で、いかに企業として生き抜き、ビジネスや事業を拡大するか――。

この課題への意識の差が、孫社長と他の大企業経営者との決定的な違いであり、そのまま組織の成長スピードの差となって表れているのです。


ソフトバンクと他の企業の最も本質的な違いは、目標達成までのプロセスにあります。

日本の多くの企業は、「計画↓実行↓検証↓改善」のPDCAサイクルを回すことでゴールを目指します。しかしソフトバンクのサイクルは、まったく違う順番で回っています。


「たくさんの実行↓数値化↓理論化↓計画」


このように、真っ先に「実行」ができます。しかも、一度にたくさん実行するのが特徴です。

なぜなら、不確実性の時代には実際にやってみないと何が成功するかわからないからです。

よって、失敗することを前提に、可能性のある方法や手段はどんどん実行します。

それらの結果を数字で計測して「数値化」したら、そのデータを検証して「理論化」し、最適解を見つけ出して「計画」を立てて、また実行する。

このサイクルを高速で回すのが、ソフトバンクのやり方です。

小さな実験を最速で繰り返せば、何が成功して何が失敗するか、すぐにわかります。失敗も含めて貴重なデータになるので、うまくいかないものがあってもまったく構いません。

その結果を踏まえて次の計画を立て、それを実行すれば、より良い結果が出る可能性は高まります。つまり、このプロセスでゴールを目指せば、計画の成功確率をどんどん高めながら、最短最速で目標に近づけるのです。

一方、日本企業の多くは失敗を恐れ、計画ばかり立てて、なかなか実行に移しません。しかも失敗を前提とせず、「計画は最後までその通りにやり遂げなくてはいけない」と考えるため、結局は無難で当たり障《さわ》りのないプランしかやろうとしなくなります。

その結果、実行されるのはどこかで見たことがあるような既存のプランばかり。前例のない新規事業など怖くて挑戦できない、ということになります。

高度成長期のように環境が安定していた時代なら、方向転換や軌道修正なしに一つの計画を最後までやることができたかもしれません。しかし、環境がめまぐるしく変化する今の時代は、**計画通りにいかないことを最初から想定し、プランを動的に見直しながらゴールを目指す**ことが必要です。

臨機応変に変化できる柔軟さを備えているからこそ、むしろ継続的な成長が可能になる。

このソフトバンク的な「柔らかな安定」こそが、今の時代には求められています。

「全損リスク」は絶対とるな！

実際にやってみなければ、何が正解かはわからない――。これが今の時代の真実です。

とはいえ、最悪の事態だけは避けなくてはいけません。いくら失敗していいと言っても、自己破産したり、会社が倒産したりしてしまったら再起するのはかなり大変です。

つまり、「全損リスクは絶対にとるな」ということ。

これは**孫社長が守っている人生の鉄則**でもあります。

これまで無数のITベンチャーが誕生しては、長続きせずに消えていきました。一時は創業者が〝IT長者〟と呼ばれるほどの成功を収めたものの、あっという間に会社が破綻や身売りに追い込まれたケースは少なくありません。

その中で、なぜソフトバンクだけが勝ち続けているのかといえば、孫社長がリスクコントロールに長《た》けているからです。孫社長は、手持ちの全財産を賭けるような一発勝負は絶対にしません。勝てば大儲け、負ければすべてを失うような博打《ばくち》はしないということです。

もちろん積極的に勝負はしますが、一回のチャンスに大きく賭けるのではなく、「当たりが入っていそうな『くじ箱』の中からくじをできるだけ安くたくさん引いて、リスクを分散する」という方法をとっているのです。

余談ですが、もし孫社長が今の時代に若者だったら、手持ちのわずかなお金をビットコインに投資したでしょうか。

すでにビットコインの相場は暴落しているので、それ以前の価値が右肩上がりのタイミングで孫社長がどうしたかを考えてみると、おそらく手元のお金を全部つぎ込むようなことはしなかったでしょう。他にも稼げる手段をできるだけたくさん探して、たとえ少額ずつでも分散投資したはずです。

当時のビットコインは宝くじと同じようなもので、「合理的に考えると当たる確率は極めて低いが、当たれば人生が変わるほど大きく儲かる」と多くの人に思わせる性質を持っていました。

しかし冷静に考えれば、そんなものに手元のお金をすべて賭けるのは、まさに「全損リスク」でしかありません。

企業経営でも人生でも、何より大事なのは「死なないこと」です。その恐れのあるリスクは絶対とってはいけない。この当たり前の大原則を、孫社長は常に守って行動しているのです。

一発勝負は避ける。事業も分散投資が大切

特に会社や事業をスタートさせる時は、リスクをいかに最小化するかが重要となります。

ソフトバンクが創業時にソフトウェアの流通事業から始めたのも、リスクが低いビジネスだったからです。

大きなコストをかけてソフトウェアを自社開発するのではなく、他社が作った製品を仕入れて販売するという方法なら、最小限の初期投資で着実にキャッシュを貯めていくことができます。

ソフトウェア流通はいわば卸《おろし》業なので、利幅はさほど大きくありません。それでも孫社長は、まずは会社経営の土台を固めるために、**「大きく儲かることはないが、着実に稼げるビジネス」から始める**ことを選択したわけです。

世間からリスクテイカーだと思われている孫社長が、実は創業当時から入念なリスク管理をしていたことがわかります。

重大なリスクが解消されずに残っていると判断した場合、孫社長の行動はさらに慎重になります。

私がソフトバンクにいた頃も、こんなことがありました。

ソフトバンクがオリックスや東京海上火災保険とともに日本債券信用銀行（現・あおぞら銀行）の買収を進めていた時、この件は国会で議論されるほど大きな注目を集めました。

理由は、買収の契約書に「瑕疵《かし》担保責任条項」が含まれていたからです。

これは簡単に言えば、「日債銀に不良債権があった場合は、国（預金保険機構）が買い取る」という条項でした。株式譲渡を受けるソフトバンクとしては、一つひとつの債権を精査できないまま銀行ごと買うのですから、こうした条項をつけるのは当然のことです。

しかし、瑕疵担保責任条項の内容がわかりにくかったため、「なぜソフトバンクにそんな補償をつけてやらないといけないのだ」という論調が世間だけでなく政治家の間でも高まり、国会で取り上げられる事態になったのです。

この状況を受けて、孫社長は株式譲渡の完了日を当初の予定から一ヶ月延期する決断をしました。

そして、この一ヶ月の間にテレビ番組に出まくって、世間に向けて瑕疵担保責任条項についてわかりやすく説明しました。

その結果、人々の理解も進み、予定から一ヶ月遅れで無事に株式譲渡が行なわれたのです。

他の経営者であれば、株式譲渡を延期するという決断はできなかったと思います。

いったん保留にすれば、当初の予定日に向けて動いてきた利害関係者からは「なぜ計画を変更するのだ」と突き上げを食らいますし、延長した分だけマスコミから批判的な報道をされる機会も増えることになります。

普通の人ならこの状況が苦痛になり、「さっさと株式譲渡してしまおう」と思うはずです。

それでも孫社長がなぜ延期したかといえば、「重大なリスクを抱えたまま、最終的な意思決定をすべきでない」という確固たる意思があったからでした。

もし瑕疵担保責任条項をつけることができないまま買収し、あとで不良債権が発覚したら、数百億円、あるいは数千億円に上る巨大な負債をソフトバンクが被ることになりかねません。

そんな全損リスクは絶対にとらない。この時も孫社長は自身の鉄則を貫いたということです。

孫社長は「あえて決断を遅らせる」ことがよくある

孫社長には「即断即決」のイメージがあるかもしれませんが、この時のように「あえて決断を保留」という選択をすることもよくあります。

一つの決断を下すということは、それ以外の選択肢を捨てるということでもあります。**早めに決めてしまえば本人はスッキリするかもしれませんが、オプションを失ったことで損をする可能性もある**のです。

一方、ギリギリのタイミングまでオプションを持ち続ければ、いくつもの選択肢の中からその時々でベストな決断ができます。

例えばソフトバンクでは、提携先の候補が三社あった場合、孫社長はいつも「三社全部と交渉しろ」と指示します。

早めに一社を選んでくれれば、現場の社員たちが交渉に割《さ》く時間や手間は三分の一で済みます。プレゼンの資料だって、わざわざ三社分作る必要はありません。

しかし、それだけのコストを払ってでも、孫社長は「実際に交渉した結果、この提携先を選ぶのが最善だ」と確信するまで一つに決めません。

リスクを最小化できるまでは、コストをかけてでもオプションを持ち続ける価値があることを、よく理解しているのでしょう。こうしたエピソードを見ても、孫社長がいかにリスクを綿密に計算して行動しているかがわかるはずです。

携帯電話事業参入の大勝負も、しっかりリスクコントロールがされていた

ソフトバンクが二〇〇六年にボーダフォン日本法人を買収し、携帯電話事業に参入した際も、その裏ではしっかりとリスクコントロールがなされていました。

この時は、日本企業によるM&Aとしては当時の史上最高額となる一兆七五〇〇億円の買収額が話題を集めました。世間では「買収のためにそんな巨額の借金をして大丈夫か」と危ぶむ声もありましたが、孫社長は同時に借金のリスクを自社から切り離す算段をつけていました。

何をしたかというと、買収した事業を証券化したのです。証券化は、会社が持つ資産を証券に変えて資金調達を行なう手法です。不動産ではよく使われる手法なので、ご存知の方も多いでしょう。

例えばA社が自社ビルを証券化する場合、いったん外部の会社に不動産を売却し、不動産から生じるキャッシュフローを小口の有価証券にして市場に流通させます。するとA社は市場から資金調達ができると同時に、「A社ビル」という名前はそのままで、内部のオフィスも売却前と同じように賃貸として使い続けることができます。

これと同じように、ソフトバンクは携帯電話事業という資産を証券化したわけです。

ボーダフォンを買収してできたソフトバンクモバイル（当時の社名。現在はソフトバンク株式会社）という会社は、証券化によって金融機関にある意味で売却され、その時点で一兆七五〇〇億円の借り入れは返済されたことになりました。

ただし、限定的ですがある意味での所有者は金融機関であっても、社名はソフトバンクモバイルのままですし、経営権は孫社長が持っています。ソフトバンク本体と連結決算もできるので、外からは何ひとつ変わったようには見えません。

でも実は、借金のリスクはすでに本体から切り離され、万が一ソフトバンクモバイルの経営が悪化しても、ソフトバンク本体まで共倒れになるリスクはゼロになっていたのです。

さらにソフトバンクグループには、「親会社が子会社の債務保証はしない」というリスク管理のためのルールがあります。ソフトバンクは創業以来、新たな事業体をたくさん作ってきて、なかには失敗して短期で終わってしまったものも結構ありますが、それでも本体の経営に影響がなかったのは、孫社長が一つひとつのリスクを分離していたからです。

こうした経営姿勢を見れば、いかに孫社長がリスクコントロールを徹底していたか、わかってもらえるのではないでしょうか。

「損切り」も素早く行なう

「これ以上続けてもうまくいかない」と見極めた時の〝損切り〟が素早いのも孫社長です。

一九九六年にメモリメーカーの米国キングストンテクノロジー社を買収したものの失敗に終わった時は、三年後に同社の創業者へさっさと売却。最終的に多額の赤字を出しましたが、孫社長らしい損切りの早さを見せました。

同じく一九九六年には、オーストラリアのメディア王であるルパート・マードックと組んで、現在のテレビ朝日ホールディングスの株を多数購入しましたが、世間の反発を受けて親会社である朝日新聞グループに株式を戻しました。このように、いったん手を出したことでも、その先に巨大なリスクがあると判断したら、すぐに切り離すのが孫社長のやり方です。

投資の世界でも、損切りは非常に難しい判断です。「株価が買った時より一〇％下がったら売る」などと自分でルールを決めて実行できればいいのですが、たいていの人は「もしかしたら上がるかもしれないから、もう少しだけ待ってみよう」と考えます。ところが結局株価は下がり続け、損失をどんどん拡大させてしまう。これが一般的なパターンです。

その点、孫社長の引き際は見事なものです。この潔《いさぎよ》さの裏にあるのは、やはり「全損リスクだけは回避する」という行動指針です。「多少の損失を被っても、会社が潰れるよりはいい」と考え、**致命傷を負わないうちに決断できることが、孫社長の経営者としての強み**でもあります。

そんな孫社長ですが、限りなく全損リスクに近い巨大なリスクをとったことが、たった一度だけあります。それは、二〇〇一年にADSL事業へ参入した時です。

創業から急成長を遂げたソフトバンクは、二〇〇〇年には時価総額が約二〇兆円に達し、日本の時価総額ランキングでトヨタ自動車に次ぐ二位となりました。

ところが直後に起こったITバブルの崩壊により、株価はなんと約一〇〇分の一に下落。一転して、創業以来最大の危機に直面することになりました。

会社が生き残るには、巨大なリスクをとってでも賭けに出るしかない。そう考えた孫社長が不退転の覚悟で決断したのが、ADSL事業への参入だったのです。その資金を準備するため、あおぞら銀行や米国ヤフーの株式をはじめ、売れるものはどんどん売りました。それで得たキャッシュをすべてADSL事業につぎ込んだのです。

孫社長がこれほどのリスクを取ったのは、おそらく後にも先にもこの時だけです。ただし、この時に全損リスクをとらなければ、どちらにしろ会社が潰れていた可能性があったわけですから、単に無謀な賭けに出るのとは事情がまったく異なります。そう考えると、「全損リスクはとらない」という孫社長の鉄則は、どんな時も変わらないと言えるのかもしれません。

固定費をかけずに始めよ
――居候のすすめ

孫社長のリスク管理について語っていたら、随分とスケールの大きな話になってしまいました。ビジネスパーソンの皆さんにとって身近な事例に話を戻しましょう。


私のもとには、「自分もベンチャーを起業したい」という若者がよく相談に訪れます。

そんな時、私がスタートアップ時のアドバイスとして必ず話すのが「居候《いそうろう》から始めなさい」ということです。いきなり専用のオフィスを借りるのではなく、知り合いの会社の一画にデスクを置かせてもらって、そこで会社を立ち上げなさいという意味です。

理由は、固定費を最小限に抑えられるからです。

起業してすぐはキャッシュが入ってきません。商品やサービスを開発し、それが市場に出て売れるまでは、手元の資金が経費として一方的に出ていくだけです。

なかでも最も大きな支出が、オフィスの賃料や光熱費などの固定費です。見栄を張って賃料の高いオフィスを構えたりしたら、あっという間に創業資金は底を尽きます。

一方、どこかの会社に居候させてもらえば、固定費はゼロです。

固定費がなければ、当面の売り上げがゼロでも、とりあえずは会社を潰さずに存続させることができます。貴重な手元の資金が経費に食いつぶされることなく、新しい事業の開発に使うこともできます。**固定費を下げることが、起業時にできる最大のリスクコントロール**なのです。


会社がある程度大きくなってからも、「固定費は下げろ」というのが孫社長の方針でした。

私もその教えを受けたので、現在はトライズの本社機能を小さな雑居ビルに置いています。受講者に来てもらう各センターは利便性と快適さを備えた良い物件を選んでいますが、私たちが働く場所は何も高級なオフィスである必要はありません。

固定費を抑えるべきなのは、企業内で新規事業を立ち上げる時も同様です。わざわざ専用のオフィスやフロアを用意するのではなく、まずはどこかの部署に間借りして、タダで使えるリソースは遠慮なく使わせてもらうのが一番です。

最初から潤沢《じゅんたく》な予算を与えてもらえるプロジェクトなどほとんどありませんから、初期費用はできる限り下げるのが基本と心得ましょう。

「コンペ状態」を維持し続け、コストを最小化せよ（孫社長流「コストを劇的に削減する四つのポイント」）

予算の話がせっかく出たので、少し脱線しますが、孫社長流のコスト削減術について簡単に触れておこうと思います。ポイントは大きく四つです。

まず一つ目は、**「必ずコンペをして決める」**ということです。何かを発注したり購入したりするときには、事前に複数の業者から見積もりを出させ、それを徹底的に比較してから決めます。

「『相見積りを取れ』ということでしょ。それならうちの会社でもよくやっているよ」

そう思った方が多いでしょう。しかし、孫社長のコンペへのこだわりは尋常ではありません。なんとコンペの運営を専門に行なう「ディーコープ」という会社を作ってしまったほどです。そして私がソフトバンクにいた頃は「ディーコープを通さないものはいっさい買わない」と言っていました（この会社は今では外販も行なっており、ソフトバンクグループ以外の企業のコンペの運営を請け負っています）。

コンペ運営専門の会社を通すとなぜいいかというと、コンペを何度も経験する中で彼らが蓄積した**「見積もりを比較する際の〝勘所〟や〝盲点〟」**を指摘・助言してもらえるからです。

例えば、居候時代が終わり、いざオフィスを探すことになった時のチェックポイントとして、意外と重要なのが「時間外空調の値段」です。「時間外空調は何時からで、1時間当たり追加でいくらかかるか」はビルによってまちまち。よくチェックしないで時間外空調費用の高いオフィスを借りてしまうと、年間でそうとうな出費になってしまったりするのです。

他にも、パッと見ではよくわからない細かな付帯条件がいろいろと付いていて、あとで思わぬ費用負担を強いられることは少なくありません。

ただ、そういう注意ポイントも、何度かオフィスを借りたことがある人なら事前にわかっているはずです。コンペ専門会社に依頼するのは難しいかもしれませんが、周りを探せば詳しい人や経験者がたいていいますから、必ずそういう人にポイントを聞くようにしましょう。

どうしても見つからない場合でも、「オフィス　賃料交渉　コツ」などとネット検索すれば、いくらでも注意ポイントは出てきます。要は、やるかやらないかの問題です。

二つ目のポイントは**「競争環境をずっと崩さない」**ということです。

最初のコンペはしつこくやるくせに、いざ外注先が決まるとその後は半ば惰性でずっとそこに発注し続ける……という企業は思いのほか多いです。

その外注先がずっとベストのものを提供してくれれば問題ないのですが、たいていそうはいきません。特に独占的なポジションにあると、どうしても油断や甘えが出てくるもの。最初は優秀なスタッフを派遣してくれていたのが、次第にそういう人材は他社に行ってしまい、代わりに自社に送り込まれてくるのはいまいちな人材ばかり……なんて話はざらにあります。

そういうことを避けるには、常に競争環境を維持すること。例えば一年に一回、契約の見直しのタイミングを決めておくとか、そういううまい仕切りを入れていくことが極めて大事です。

また、**「自分たちで管理・評価の仕組みを作り、自分たちで数字を取ってチェックする」**こと。これが三つ目のポイントです。

みなさんも経験があると思いますが、何かを発注した会社が「効果（結果）検証」などと言って持ってくる数字というのは、たいてい彼らにとって都合のいい数字です。そこまでひどくなくても、どうしても彼らが測定する数字は部分的なもので、こちらが知りたいことをすべてカバーしていません（部分的に外注しているわけですから当然です）。

ですから、自分の会社にとって彼らの仕事ぶりがどうなのかをちゃんと管理・評価するためには、彼らが持ってくる数字ではなく、自分たちで指標を作り、それを自分たちで計測していくしかないのです。そこを外部に丸投げして、良いかも悪いかもわからずなんとなく払い続けるというのは、ソフトバンクではまったく許されません。

最後のポイントは**「情報の非対称性の継続的な埋め立て」**です。

情報というのは、常に会社の外と中で差が生まれているものです。

例えば、ある仕事を発注している外注先のA社が、劇的に安い同種のサービスを開発したとしましょう。果たしてA社はこの話を持ってくるでしょうか。まず持ってこない、というのが現実でしょう。利益が減ってしまうわけですから当然と言えば当然です。

ではこちらはどうすべきか。

外任せにせず、他にもっといいツールやテクノロジーがないか、常に自分の目で探し続けるしかありません。同時に、外注先が持ってくる話をよく聞き、時には相手が持ってきたがらない情報もなんとか掘り出して、情報のギャップを継続的に埋めていくことが必須です。

ここで紹介した四つのポイントは、ソフトバンク時代に孫社長にたたきこまれ、自分の会社で今も実践していることです。これを継続的に実行し続けるのはラクではありませんが、コストを劇的に削減できるのは間違いありません。

事業資金は自分で貯めるな、他人に出してもらえ

起業の相談に来る若者や学生の中には、「アルバイトで五〇〇万円貯めたら起業しようと思います」という人がいます。

それに対する私のアドバイスは、**「アルバイトをする暇があったら、今すぐ事業プランをもっと練って、今すぐ始めなさい」**です。

お金を貯めている間に、自分が思いついたアイデアを誰かが先にビジネス化してしまうかもしれません。アルバイトをしている間に世の中の環境が変化し、思い描いていた事業プランが陳腐化してしまうこともあります。

ですから、起業したいならとにかく早く始めるべきです。

そう話すと相手はたいてい不思議そうな顔をして、「元手になる資金がないと、起業できないじゃないですか」と言いますが、そんなことはありません。今の時代は、面白いビジネスのアイデアや事業プランがあれば、お金は集まってくるからです。

■事業資金を貯めている暇はない

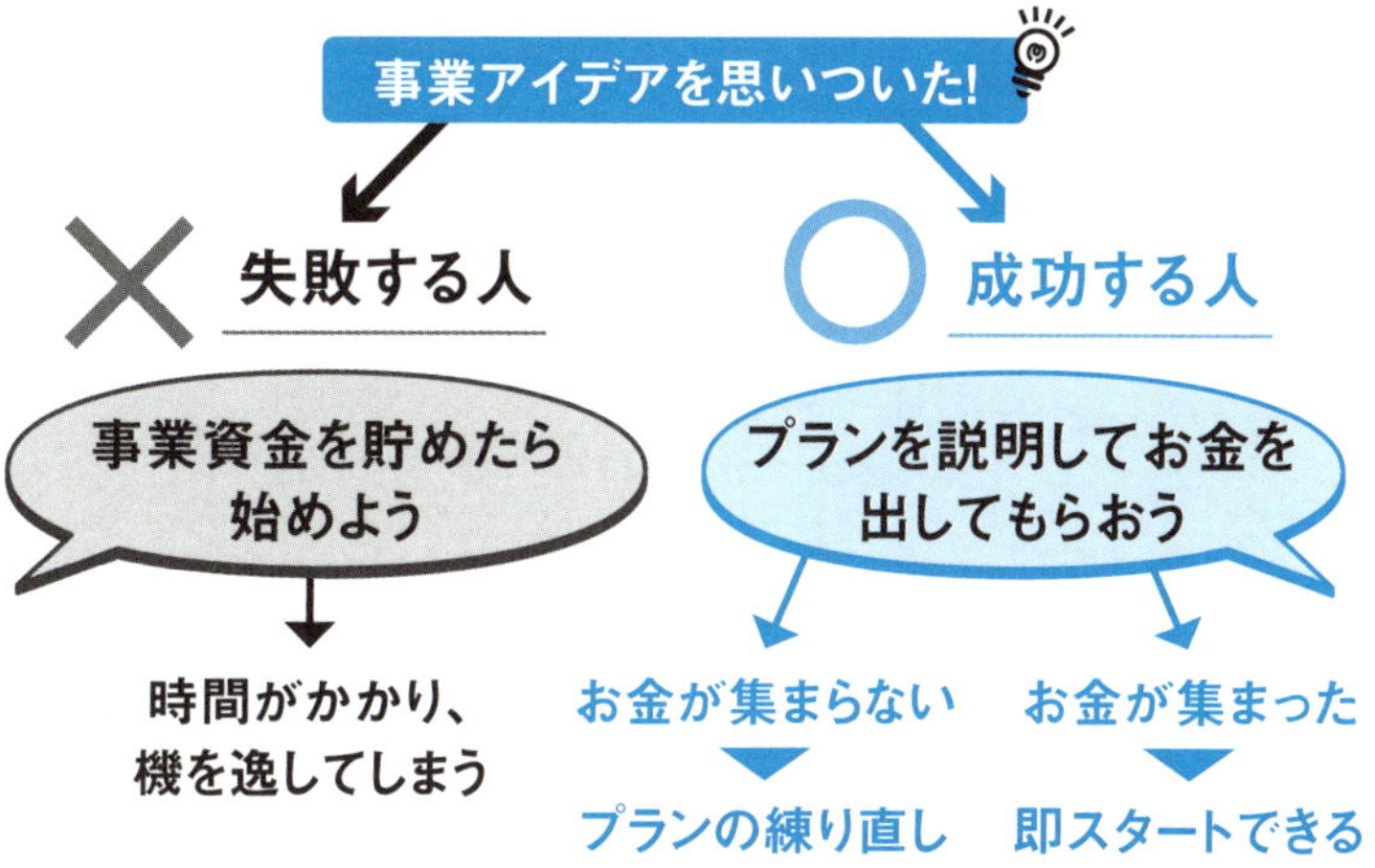

最近は、アイデアや計画の段階で出資を決めるベンチャーキャピタルが増えています。個人的に若手起業家に投資するエンジェル投資家も増えています。

日本政策金融公庫の「新創業融資制度」のように、新たに事業を始める人が無担保・保証人なしで融資を受けられる公的制度もあります。つまり、**魅力的な事業プランさえあれば、お金を貸してくれる人はいくらでもいる**ということです。

逆に言えば、もし事業プランを説明してもお金が集まらないのなら、それはビジネスのアイデアやプランがいまいちだから、という可能性が高いのです。

自前のお金がないなら、知恵でお金を集める。これはまさに孫社長が実践してきたことです。

そもそも孫社長は、自前のお金で事業を始めたわけではありません。ソフトバンクの創業資金になった一億円は、自分が発明した携帯型自動翻訳機をシャープに売り込んで得た契約料でした。これも試作機は作っていましたが、実際にはほぼアイデアを買いとってもらったようなものです（しかも、試作機を実際に作ったのは、カリフォルニア大学バークレー校の研究者たち。もちろん、元々のコンセプトを発案し、研究者たちを口説いたのは孫社長だったが）。

ソフトバンクのビジネスが拡大するきっかけになったのも、NCC-BOXという自動的に電話回線を切り替える機械をフォーバルという会社と共同で開発したことでした。この機械を全国の中小企業に無料配布し、新電電からのロイヤリティで大きな利益を上げたのです。

ただし、孫社長は開発にあたってアイデアは出したものの、自社のインフラや人手を使って全国に配布したのはフォーバルです。そのためのコストは、孫社長が負担したわけではありません。つまり、孫社長はほとんどリスクをとらずに、大きなリターンを得たことになります。

二〇一七年には、サウジアラビアの政府系ファンドと共同で一〇兆円規模の巨大ファンドを設立したことが大きなニュースになりましたが、これもソフトバンクが全額出資したわけではありません。サウジアラビアやアラブ首長国連邦アブダビの政府系ファンド、米国のアップル社や半導体設計大手のクアルコム、台湾の鴻海《ホンハイ》精密工業などが、それぞれ多額の出資をしています。

「自分のお金を使わなくても事業はできる」という考えは、二十代でソフトバンクを創業した頃からまったく変わっていないということです。

「毛皮を夏に売る」お店の見事なリスクマネジメント

またもや話が大きくなりましたが、もちろん一般企業のビジネスや商売でも同じです。知恵さえあれば、お金をかけずに事業を拡大することはいくらでも可能です。

そのことを証明する良い事例を紹介しましょう。

東京に、自由が丘毛皮工房石井という店があります。

夏の時期に街を歩いていてたまたま見つけたのですが、並んでいる商品の値札を見ると相場よりかなり安いので、店主に「この価格では儲からないのでは？」と聞くと、こんな手の内を教えてくれました。

実は、今やっているのは、一般販売ではなく受注会とのこと。店内の商品はいわばサンプルで、来店者がその中で欲しいものがあれば、半金を払って予約すると希望の商品が冬に納品されます。

半金とはいえ、前払いでキャッシュが入ってくるので、それを仕入れに回せば資金繰りのリスクは最小化できます。しかも、「予約の多い商品＝今年の売れ筋商品」なので、確実に売れるものに絞って海外に発注をかけることができます。トレンドの読みが外れて、大量の在庫リスクを抱える心配もありません。

こうして仕入れた人気商品は、冬のかき入れ時には受注会の三倍の値札をつけても売れるので、確実に儲かるそうです。

店主の話を聞いて、私はこれぞ経営におけるリスクマネジメントの良いお手本だと感心しました。

コストをかけずに小さくトライして、その結果をもとに最も成功確率が高いところに限られたお金を投資する。やっていることは、ソフトバンクの目標達成プロセスとまったく同じであり、リスクを最小化しながらリターンを最大化する手法として見事なものです。

このように、たとえ個人経営の小さな会社だとしても、知恵を使えばお金をかけずに大きな成功につなげる方法は必ず見つかります。今の時代、**「お金がないからビジネスができない」というのは、単なる言い訳になりつつある**のです。

事業アイデアをゼロから自分で考える必要はない

「知恵を出せと言われても、自分には孫社長のような発明の才能なんてないし……」

そう思う人がいるかもしれません。

でも、大丈夫です。事業のアイデアをゼロから自分で考える必要はありません。

どこかで成功しているモデルを持ってくればいいのです。

孫社長も、他人の知恵を借りてアイデアを生み出してきました。

ソフトバンクを創業する前、孫社長は留学先の米国でソフトウェア開発会社を設立しています。事業内容は、日本で大流行したインベーダーゲーム機を米国に輸入販売するというものでした。すでに日本ではブームが下火になりつつあったので、機械を安く買うことができたのです。これはつまり、日本で大成功したビジネスモデルを米国に持っていったということです。

ある市場で成功したモデルであれば、別の市場で成功する確率も高くなります。少なくとも、ゼロから考えたモデルに勝負をかけるより、リスクは絶対的に小さくなります。

ソフトバンクは、「タイムマシン経営」だと言われることがよくあります。

ヤフーにしろ、iPhoneにしろ、「海外で成功している最先端ビジネスは、時間差で日本でも成功する」という法則を証明してみせたからです。

その意味で、インベーダーゲーム機の輸入販売はいわばタイムマシン経営の走りのようなものであり、その後もずっと孫社長は「どこかで成功しているモデルを持ってくる」というやり方を続けていることになります。

一九九〇年代には、時価総額三〇〇〇億円以上の米国のIT企業と組んで、次々にジョイントベンチャーを設立しました。

これも、すでに実績を上げている会社を取り込めば、ゼロから事業を立ち上げるより速く確実に成功を収めることができると考えたからです。

天才経営者と言われる孫社長でさえ、他人の知恵を積極的に借りているのです。

これからビジネスや事業を立ち上げるビジネスパーソンも、すでにある成功モデルを遠慮なくどんどん活用しましょう。

「上りのエスカレーター」に乗ることに徹底的にこだわる

すでに述べた通り、孫社長は「未来を完璧に見通すことはできない」と知っています。

だからこそ、先を予測する際の判断材料になる情報収集については、徹底的にこだわります。

具体的に何をやるかといえば、**「情報のハブ」を押さえる**ことです。

世の中には、あらゆる情報が集まってくる点が存在します。

自分がその点に立つことができれば、流れ込んでくる情報をすべて掌握《しょうあく》できるわけです。

孫社長が一九九五年に世界最大のコンピュータ見本市を運営するコムデックスを買収したのも、情報のハブを押さえるためです。

当時の年商が二〇〇〇億円にも満たないソフトバンクが、当時の為替レートで八〇〇〇億円の買収をするなんて、世間からは無謀だと思われたでしょう。

しかし、コムデックスには毎年世界中からＩＴ関係者が集まります。人脈が広がれば、業界のあらゆる情報が手に入ります。

実際、マイクロソフトのビル・ゲイツを始め、米国ＩＴ業界の大物とつながりができたのは、コムデックス買収によるものでした。

最近では、半導体設計大手のＡＲＭを約三・三兆円で買収して話題になりましたが、これも最大の狙いは情報を押さえることにあると思って間違いありません。

半導体メーカーは、常に二年先の計画にもとづいて製品開発を進めています。そして、今後は年に一五％ずつ成長すると予測されるＩｏＴの分野では、あらゆるものに半導体のチップが埋め込まれることになります。

つまりメーカーは、「二年先に世の中はこうなる」という未来を知っているのです。

よって、半導体設計で世界シェア一位のＡＲＭを買収すれば、未来を見通すためのあらゆる情報が手に入ります。ビジネスや事業を成功させるために、これほど優位なポジションがあるでしょうか。そう考えると、**三・三兆円という金額は、孫社長にとっては決して高い金額ではなかった**と思います。

孫社長がそこまでして情報のハブにこだわるのは、「上りのエスカレーター」に乗らないと成長できないことを知っているからです。

これは要するに、「そのジャンルや業界全体が成長している場所にいれば、組織や個人は継続的に成長できる」ということです。

簡単にいえば、業界全体が拡大していれば、そこに属する会社や個人も成長しやすくなるということ。逆に、業界全体が縮小していれば、そこに属する会社や個人が成長するのは難しくなります。

これは、下りのエスカレーターを逆走して上へ駆け上がるのがいかに大変かを想像してもらえば、よくわかると思います。

それに対し、上りのエスカレーターに乗れば、自分は何もせず、ただそこに止まっているだけでも、どんどん上がっていくことができます。

事業を成功させるには、情報のハブを押さえて、どれが「上りのエスカレーター」なのかを正しく見極めることが重要だと知っておきましょう。

誰が勝っても負けても自分は儲かるビジネスを目指す

ただし、上りのエスカレーターを見極めても、それに乗った全員が勝つわけではありません。もちろん、下りのエスカレーターに乗るよりは格段に成功確率は上がりますが、それだけで勝ち続けられるわけではないということです。

では、どうすればいいのか。

答えは、「誰が勝者になっても、自分が勝つような仕組みを作ればいい」です。

具体的には、ビジネスのプラットフォームを作ることを目指すべきです。

「プラットフォーマー」の代表格といえば、アップルです。

独自開発したiOSを基盤とし、音楽・映像を配信するiTunesやアプリを公開するApp Storeなどプラットフォームを構築しています。

アップルが開発したのは、あくまでもコンテンツやアプリを提供する〝場〟です。それぞれのコンテンツやアプリを作るのは外部の企業や個人であり、アップルではありません。

例えばアプリにしても、成功するものもあれば失敗するものもありますが、アップルのビジネスは個々のアプリの成否にはまったく影響されません。その場を使ってくれる人たちがいる限り、アップルはプラットフォームの提供者として、ずっと収益を上げ続けることができます。

つまり、プラットフォームを作った者が絶対に儲かる仕組みになっているわけです。

孫社長がゲーム事業に手を出さない理由

も、ここにあります。以前、私が「なぜゲーム会社をやらないのか」と聞いたところ、こんな答えが返ってきました。

「ゲームは当たり外れが大きすぎる。作るのに一年や二年かけても、売れないものはまったく売れない。そんな波のあるものには手を出さず、いったん始めたら勝ち続けられるプラットフォームビジネスしかやらないことにしている」

その言葉通り、ソフトバンクは常にプラットフォームビジネスを手がけてきました。

創業時にソフトウェア流通を選んだのも、卸売側になれば、個々のソフトウェア製品の当たり外れとは関係なく儲かるからです。

携帯電話事業やADSL事業に参入したのも、インフラを提供する側になれば、スマホやパソコンのユーザーがどのアプリやコンテンツを使おうと、ソフトバンクは売上を伸ばすことができます。たとえどのスマホゲームがヒットしようと、あるいは大コケしようと、プラットフォーマーであるソフトバンクのビジネスには直接の影響はありません。

これはリスク管理の観点で言えば、分散投資をしているのと同じ効果があります。

株式投資の世界では、「卵は一つのカゴに盛るな」という格言があります。一つのカゴに盛ると、落とした時に卵が全部割れてしまうリスクがある。でも、いくつかのカゴに分けて盛れば、どれか一つカゴを落としても、他のカゴに盛った卵は影響を受けずに済む、という教えです。

これは、先ほどのゲーム会社とプラットフォーマーの話にも当てはまります。

自分がゲームの作り手になると、開発した一つひとつの製品の失敗リスクを一〇〇%背負うことになります。しかし、プラットフォームの提供者として扱う製品の数が十万、百万と増えていけば、**大数の法則**（「試行の回数を増やせば増やすほど、その物事が実際に起こる確率は理論値に近づいていく」という法則）によって失敗はある一定の割合で止まることになります。

サイコロで「1」が出れば勝つゲームをした時に、サイコロを一回や二回しか振らなければ全敗して勝率がゼロになる可能性がありますが、百万回振れば勝率は限りなく六分の一に近づくということです。つまり、ゲーム会社をやらないことは、孫社長にとって全損リスクを回避する手法の一つなのです。

実際にプラットフォームビジネスを立ち上げるのは簡単ではありませんが、一般の会社で新規事業を立ち上げる際も、ぜひ分散投資の概念は取り入れるべきです。

ルーレットのすべての数字に賭ける

分散投資の理論をカジノでたとえるなら、孫社長がやっているのは「ルーレットのすべての数字に賭ける」ということになります。

全部にチップを張れば、どれかは必ず当たりますから、全損リスクはありません。

しかし実際に総賭けする人がいないのは、チップを張る数字が多いほど、カジノ側の取り分(=テラ銭)が多くなってしまうからです。せっかく賭けで儲けても、その大半を持っていかれたら意味がありません。

ただしビジネスの場合、カジノとは決定的に違う点があります。それは、「上りのエスカレーター」に乗っている領域に総賭けすると、「市場の成長率」の分が逆に利益として戻ってくるということ。例えばIoTの分野は、総務省の試算によると二〇二一年までに年平均一五%ずつ成長すると見込まれています。よって、IoT関連のあらゆるビジネスや事業に張っておけば、大数の法則により毎年一五%ずつ確実に儲けることができます。

孫社長が半導体設計の世界最大手ARMを買収したのは、情報のハブを押さえるためだと話しましたが、これも「IoTの分野で当たる可能性が少しでもある事業や会社はどこか」を総ざらいするためです。そして今のうちに、できるだけたくさん出資や提携などを進めて、総賭けしておくつもりでしょう。

IoT分野だけでなく、「今後は人工知能やロボット関連の企業一〇〇〇社以上に投資する」と孫社長は表明しています。総投資額は、一〇〇兆円を予定しているとのことです。

このように、**「上りのエスカレーターに乗っている成長分野に総賭けする」**のが孫社長の勝ちパターンなのです。

日本進出前のアマゾンとも組もうとしていた

この戦略は、私がソフトバンクにいた頃から変わっていません。

一九九〇年代にも、孫社長は「米国で時価総額三〇〇〇億円以上のIT企業すべてとジョイントベンチャーを作れ」と号令をかけていました。

実は、日本に進出する前のアマゾンにも、ジョイントベンチャーの設立を持ちかけたことがあります。私も孫社長の米国出張に同行し、交渉の場に同席しました。

孫社長はいち早く「この会社は必ず伸びる」と目をつけていて、私も同席した交渉の場でCEOのジェフ・ベゾスを熱心に口説いたわけですが、さすがに相手も一筋縄では行かず、残念ながら実現はしませんでした。

とはいえ、こうしたエピソードからも、いかに孫社長が本気であらゆるプレーヤーに総賭けするつもりだったかがわかってもらえると思います。

孫社長は、未来は見通せないことを前提に行動していると話しました。

実際に、孫社長自身もたくさん失敗を経験しています。

ソフトバンクが起こしたビジネスや事業の通算打率を振り返ると、超特大ヒットと言えるものは、おそらく「一〇〇〇本に三本」くらいではないでしょうか。

「せんみつ」という言葉は、もともと「千のうち三つしか本当のことを言わない」というホラ吹きを意味しますが、ビジネスの世界の成功率も平均すればその程度ということです。この現実をわかっているからこそ、**孫社長はできるだけたくさんの選択肢に賭ける**ようにしています。

孫社長ほどの実績があれば、普通の経営者なら「俺はＩＴ業界の目利《めき》きだから、投資先の絞り込みは俺の判断に任せろ」と言い出すところでしょう。

でも孫社長は、「自分では何が当たるかわからないから、全部にお金を出しておくので、あとはそれぞれの会社が勝手に試行錯誤してくれれば、どこが勝っても負けても構わないよ」というスタンスです。孫社長は経営者であると同時に、投資家としての冷静な視点を持って、常にリスク分散を最優先に行動していると言えるでしょう。

「お金は出すけど、経営は任せます」が孫社長の基本スタンス

カジノであらゆる数字に張れば必ずどれかは当たるとはいえ、手持ちの賭け金が無限にあるわけではありません。

それぞれにかかるコストはできるだけ低くするのも、リスクコントロールのセオリーです。孫社長がジョイントベンチャー設立という手法をよく使うのも、コストを下げるためです。複数の会社が資本金を出し合って会社を作るので、交渉次第で出資比率を下げることができます。

実際、ソフトバンクのグループ会社の中には、ソフトバンクの出資比率は二割や三割程度のところがたくさんあります。一つの会社に対する出資額をできるだけ抑えれば、その分たくさんの会社に出資できるからです。

日本の大手企業が出資する場合、五一％でいいから過半数の株式を持ちたいと考えるケースがほとんどです。なぜなら、自社の出資比率が高ければ、筆頭株主として出資先の経営につい

て逐一口出しできるからです。なかには大企業の論理を出資先に押し付けて、「何でもこちらの言う通りにしろ」と経営を支配する事例も少なくありません。

しかし、孫社長の方針は真逆です。

先ほども話した通り、「お金は出すけど、あとはそれぞれが独立した事業体として経営してください」というのが基本スタンスです。

自分が**出資先を支配するために、無理に出資比率を上げようなどとは考えもしません。なぜなら、孫社長は多様性を重視しているから**です。

すべてのグループ会社が孫社長の言う通りに動いたら、多様性は失われます。

それぞれの方針やカルチャーが少しずつ違っているから、ビジネスの当たり外れが出てくるのであって、もし全社が単一のやり方で経営していたら、すべてのビジネスが失敗に終わる可能性があります。それでは、いくら出資先を増やしてもリスク分散にはなりません。

世間の人は、孫社長こそ「何でも俺の言うことを聞け」という唯我独尊型のリーダーだと思っているかもしれませんが、そんなことはまったくありません。

孫社長の頭にあるのは、「ソフトバンクグループとして、いかに成長し続けるか」というただ一点のみ。そのゴールを達成するためには、むしろ支配欲や名誉欲など邪魔なだけだと考えているのではないでしょうか。

「ペイン10」をまず意識すべし

私はアドバイザーとして大企業の新規事業プランを見せてもらったり、起業家志望の若者たちからビジネスのアイデアを聞いたりする機会がよくありますが、正直なところ「これは失敗するだろうな」と思うものが大半です。

これらの失敗プランには、共通点があります。

それは、「ペイン」が低すぎることです。

ペイン（pain）は直訳すれば「痛み」ですが、ビジネスにおいては**「顧客やユーザーが、リスクやコストを顧みずに、どれだけその商品やサービスを手に入れたいと望むか」**を示す指数だと考えてください。

例えば、あなたが虫歯になったとします。

夜も眠れないほど歯が痛くて、もうこれ以上は一秒も我慢できないという状態で歯医者に駆け込んだとしたら、「治療費はいくらでもいいから、早くこの痛みをとってください！」と頼むはずです。

これを「ペイン10」と定義します。つまり、「お金のことなんてどうでもいいから、この商品やサービスを買いたい」という状態です。

一方、新規事業プランを作った人にこの定義を説明した上で、**「あなたのプランは、ペインでいうとどれくらいだと思いますか？」**と質問すると、「ペイン3くらいでしょうか」という答えがほとんどです。

ペイン3というのは、「お金や時間にかなり余裕があればサービスを買ってもいいけど、別になくても全然困らない」というレベルです。残念ですが、これでは新規事業として成り立ちません。

最近は「社会課題を解決したい」という目的で起業する人が増えていますが、それも理想を掲げただけで終わってしまうことが少なくありません。

課題を解決するという方向性は間違っていませんが、**「あったらいいよね」というレベルでは、ビジネスを継続するのは難しい**でしょう。

「一人目のお客様」を獲得してからスタートする

特に新規事業では、「一人目のお客様」を獲得できるかが勝負です。

まだ何の実績も知名度もない時点で、**「これなら絶対に買う！」と言ってくれるファーストクライアントがいれば、その後ろには間違いなくたくさんの潜在顧客がいます**。

ですから、新規事業のプランを作る時は、ペイン10の状態にいる人を探しにいくのが最も確実な方法です。

私がトライズの事業プランを生み出すことができたのも、一人の「ペイン10」に出会ったからです。

私が英語を習得した体験を綴《つづ》った書籍『海外経験ゼロでも仕事が忙しくても「英語は1年」でマスターできる』を出版したところ、ある大企業の部長がこの本を持って私を訪ねてきました。

「自分は英語がまったく話せないのに、仕事で海外とやりとりする機会は増える一方だし、自分の上司も部下も取引先の人たちも英語が話せる人ばかり。このままでは会社に居場所がなくなってしまうので、この本に書いてある通りに英語学習の指導をしてください！」

顧客みずからが駆け込んでくるほど困っているこの状態こそ、まさにペイン10です。当然この部長は、指導料がいくらになるかなど一ミリも考えていなかったに違いありません。

これをきっかけに生まれたのが、「一年で英語が話せるようになる」というコンセプトを掲げたトライズの英語学習サポートプログラム事業でした。

ファーストクライアントである部長から詳しく課題や悩みを聞くことができたおかげで、ペイン10の人たちのニーズを把握し、それに応える事業プランを作ることができました。

そして事業を開始すると、この部長と同じように英語で悩んでいる人たちが次々とやってきました。トライズがサービス開始から短期間で事業を拡大できたのは、一人目のペイン10を見つけ出せたことが大きな要因です。

このように、自分の頭の中だけで事業プランを考えるのではなく、**ファーストクライアントになり得る人を見つけて、先にその人に話を聞きにいく**のはとても良い方法です。

私が独立後、最初に手がけたのはeラーニング事業でしたが、この時も先にクライアントに話を聞きに行きました。

ネットカフェにソフトウェアを卸す会社の社長と知り合ったので、「ネットカフェでeラーニングのソフトを使ってもらうことはできそうか」と相談したのです。

すると社長が「実は教育分野の商品も売れそうだと思っていたんだよ」と言うので、共同出資で会社を設立し、一緒にビジネスをやることになりました。

ニーズがあって商品が売れることはわかっていましたし、社長の会社の流通網や販売チャネルを使わせてもらえるので、こちらのリスクはほぼゼロです。

ビジネスパーソンが新規事業を立ち上げる時も、**会社にプランを通すより前に、クライアントになる見込みの高い相手を探して、先にニーズをヒアリングする**ことをお勧めします。

いくら机上のデータや過去の数字だけを眺めても、ペイン10の人がどこにいるのか、あるいは自分の事業プランはペインで言うとどのレベルなのかを理解することはできません。

頭の中にあるアイデアを、よりペインが高い事業プランにブラッシュアップするには、市場やユーザーをよく知る人に話を聞くのが確実です。

■事業プランは「頭の中」だけで考えるな

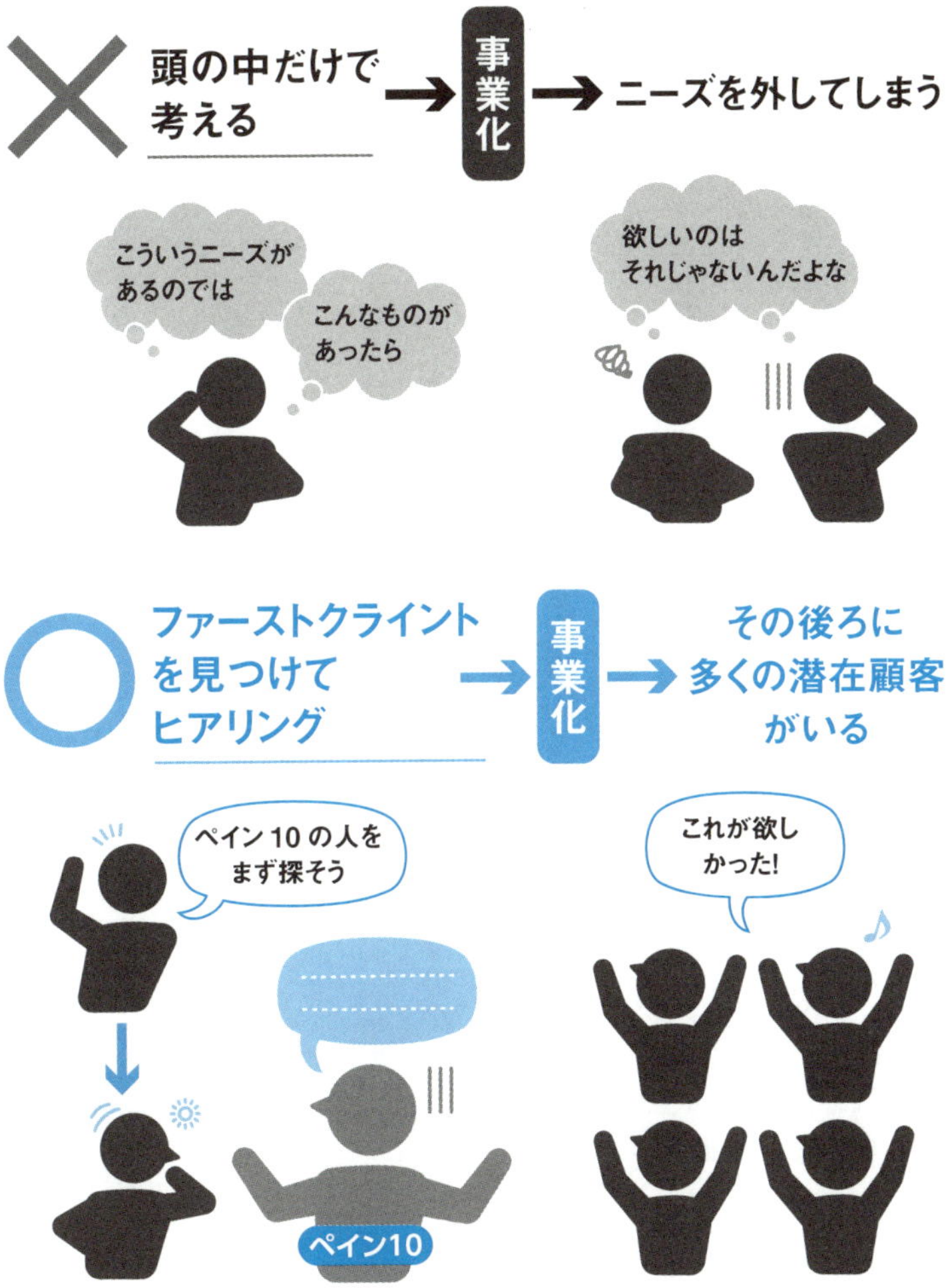

大企業の採用が前提のBtoBビジネスは要注意

もう一つ、新規事業プランの失敗パターンがあります。

それは、大企業に採用されることを前提とした事業プランです。

特に起業したばかりのベンチャーや会社の中で立ち上がったばかりの小さな新設チームが、**最初の事業として大企業向けの法人ビジネスを手がけるのは危険**です。なぜなら、大企業の論理に振り回されて、自分たちが大きなリスクを負うことになる可能性が高いからです。


よくあるのが、優秀な技術を持ったベンチャー企業が大企業に営業に行ったところ、「契約できるかどうか上に掛け合ってみるので、その間にうちの社員の勉強のためにこの技術について講演してくれないか」などと頼まれるケースです。もちろん、講演料はタダです。

ベンチャー側としては、採用につながるならと思って引き受けますが、何度講演しても契約は結んでもらえません。その上、会社へ足を運ぶたびに「この点をもっと詳しく聞きたい」

「こんなトラブルが起きたらどうする？」などと情報提供を求められます。

こうして契約に至らないまま時間だけが過ぎていきます。当然、ベンチャーにはキャッシュが一円も入らず、手元の資金はどんどん減っていきます。

さらに**最悪なのは、ベンチャーが提案したのとそっくりの技術を使って、その大企業が自社でサービスを開発してしまうケース**です。

つまり、ベンチャー側は知恵を提供させられただけで、実際のビジネスには参加させてもらえないというひどい仕打ちを受けることになるのです。

「そんなひどい話があるのか」と思うかもしれませんが、似た話はよく耳に入ってきます。

そこまで悪質ではなくても、大企業が相手だと、どうしてもベンチャー企業や小規模チーム側が不利な条件を飲まされやすくなります。

私の会社も、法人向けの研修事業を大企業に営業する機会がありますが、採用するかどうかの決定に何ヶ月もかかったり、採用された場合の支払日も下手をすると数ヶ月から一年後といった遠い期日を指定されることがあります。

その間も、私の会社の社員たちはサービスを提供するために働いているので、人件費はどんどん出ていきます。それなのに、キャッシュが入ってくるまでそんなに時間がかかったら、会社の資金繰りに大きな影響が出ます。

立ち上げたばかりの会社や組織にとって、あまりにリスクが大き過ぎます。

よって、できれば**起業して最初の事業はコンシューマー向けを検討する**ことを勧めます。基本プランは法人向けでも、同時にBtoCでも展開できないかを考えてみるとよいでしょう。

私の会社が大企業向けに営業するようになったのも、最近のことです。

まずはトライズの個人向けの英語学習事業で実績を出し、経営の土台が固まって余力ができたタイミングだからこそBtoBも展開できるのであって、もし事業スタートの時点から法人向けに絞っていたら、これほど早く黒字化を達成するのは難しかったはずです。

スタートアップで大企業の採用が前提の事業プランだけに賭けるのは、大きなリスクが伴うことを知っておくべきです。

「顧客獲得コスト」が考慮されていないビジネスプランが多い

一方、大企業が作る新規事業プランにも失敗パターンがあります。

それは、顧客獲得コストが考慮されていないことです。

どんな事業内容であっても、お客様を獲得するにはお金がかかります。

新規のアプリやウェブサービスをリリースするにしても、一人当たり数百円から千円単位のコストは必ずかかります。

ところが、大企業でビジネスをしている人たちは、**「一人の顧客を獲得するのにいくらかかるか」という視点が抜け落ちている**ことが少なくありません。

大企業は動かせるリソースも大きいので、「とにかく大規模に展開すれば何とかなる」という意識が強いのか、個別のコストにまで目が向いていない事業プランが多く見られます。

しかし、ビジネスが成長できるかどうかのカギを握るのは、顧客獲得コストです。

広告費や契約時の特典、販売代理店へのバックマージンなどにお金をかければかけるほど、ビジネスは急拡大します。

新しいもの好きな人や情報に敏感な人だけではなく、一般的な消費者層にまで幅広くサービスや商品を届けて長くユーザーになってもらいたいなら、なおさら顧客獲得コストの投入が重要となります。

また、これからの時代は、**ライフタイムバリュー（LTV＝顧客生涯価値）をいかに高めるか**が、ビジネスの成否を分けます。人口減少で消費者の絶対数が減っている今、商品やサービスを一度売ったら終わりではなく、一人の顧客からいかに継続して利益を獲得できるかが重要だからです。

となれば、顧客獲得コストも長期的な視点で考える必要があります。

「広告宣伝費や販促キャンペーン費は、アプリ単体の売上の一五％を上限とする」といったざっくりとした決め方ではなく、ライフタイムバリューを最大化する顧客獲得コストのかけ方を考えなくてはいけません。

例えば、毎月の料金が三〇〇〇円のサービスが二つあったとします。

一つは、ユーザーが平均で二年間サービスを継続してくれるので、顧客一人当たりのＬＴＶは七万二〇〇〇円です。もう一つは、平均で一ヶ月しかサービスを継続してくれないので、Ｌ

TVは三〇〇〇円です。

二つを比べるとLTVは二四倍も差があるわけですから、両者に同じ顧客獲得コストをかけるのはどう考えても適切ではありません。宣伝費にしろ販促費にしろ、後者より前者のユーザーに対してより大きなコストをかけたほうがいいのは明らかです。

新規事業ではまだ実績がないのでLTVの予測がつかないと思うかもしれませんが、同業他社の事例やデータなどを使えば、「このジャンルのアプリをリリースしたら、ユーザーはどれくらい長く課金して使ってくれるか」といった目安がわかるはずです。

顧客獲得コストを最大どこまでかけていいかを算出する「LTV分析」の手法については、拙著『孫社長にたたきこまれた すごい「数値化」仕事術』で詳しく解説していますので、ぜひ新規事業プランを作成する際の参考にしてください。

「サブスクリプションモデル」にできないか

LTVを最大化するためのビジネスモデルとして、今注目を集めているのが「サブスクリプションモデル」です。

ユーザーが一定の利用期間に対して料金を支払うモデルのことで、以前から特定の分野で

「月額制」や「年額制」などの形で展開されていました。

それが**最近は、ありとあらゆる分野のビジネスでサブスクリプションモデルが取り入れられるようになっています**。

外食産業もその一つです。

これまで外食産業は、「コーヒー一杯いくら」「ラーメン一杯いくら」といった「一回売り切り」のビジネスモデルでした。ところが、いまやラーメン店でも「月額八六〇〇円を払えば、好きなラーメンを一日一杯まで食べ放題」などの定額制サービスを打ち出しています。

他にも、カフェや居酒屋などで「月額定額制で、コーヒーやお酒を飲み放題」というプランを提供し始めています。これなら、一人の顧客に長期的に利用してもらえるので、LTVを高めることができると同時に顧客獲得コストも下げることができます。

一回売り切りモデルの場合、顧客一人に一回利用してもらうたびに顧客獲得コストがかかりますが、サブスクリプションモデルなら一度利用した人がその後も継続して使ってくれるので、二度目や三度目以降の利用に対して顧客獲得コストをかける必要がありません。

これは長期的にビジネスを成長させていくにあたって、大きなメリットです。

新規事業プランを作る時点から、顧客獲得コストを意識していれば、サブスクリプションモデルのようにコストメリットが大きいビジネスを生み出すことも可能になるはずです。

「一回きりのビジネス」はやらない

もちろん孫社長も、創業当初から常にライフタイムバリューを追求しています。

孫社長の口グセは、**「牛のよだれのようなビジネスが一番いい」**です。

つまり、会社を成長させたいなら、牛のよだれのようにダラーッと長く儲かり続ける商売をやるべきだということです。

携帯電話事業に参入したのも、ライフタイムバリューをどんどん高められる領域だと判断したからです。

携帯電話は月額いくらで契約するので、一回売り切りで終わることはありません。

大半のユーザーは、少なくとも二年間は契約を継続します。さらに、四年、六年と使い続けてくれるユーザーもたくさんいます。

しかも、携帯電話やスマートフォンは今や生活必需品です。

家計の支出における通信費の割合も伸び続け、二〇一六年の世帯消費支出における「移動電話通信料」の平均額は九万六三〇六円。その十三年前に当たる二〇〇三年の平均額は五万九二六四円なので、一・六倍に増えています。

ユーザーが継続して使ってくれる上に、お金の使い方における通信費のウエイトが高まっているのですから、これを見れば携帯電話事業は孫社長が言うところの「牛のよだれビジネス」であることは明白です。

同じく携帯電話を扱うビジネスでも、端末を販売する代理店だったら、ライフタイムバリューは生まれません。いわゆる携帯ショップは、そのスマートフォンや携帯電話を売ったら、それで終わりです。延々と新規顧客に新しい端末を売り続けなくてはいけません。

しかも、取り扱っている端末のメーカーがもし撤退したら、売るものがなくなってしまい、売上は一瞬にしてゼロになります。

それに対し、ソフトバンクは通信キャリアであり、どの端末が売れようと影響を受けません。通信サービスを使う人がいる限り、ずっと儲け続けることができます。

これがプラットフォーマーの強みです。

一回きりのビジネスはやらない――。

この鉄則を守ってきたからこそ、ソフトバンクは大きく成長できたのです。

最終的には、「海」の状態にもっていくのが理想

ライフタイムバリューの高い事業を選定して参入し、他社を圧倒して急成長したら、その先に何を目指すのか。

孫社長の場合は、「海」です。最終的に、競争のないゆるやかな海のような状態を作ること。これが到達点となります。

孫社長は自身の経営哲学を「孫の二乗《じじょう》の兵法」としてまとめています。これは孫子の「兵法」を下敷きとしつつ、孫社長独自のエッセンスを加えて、「五行×五行＝二五の文字」にまとめたもので、その中に「風林火山海」という行があります。

「風林火山」は有名なので、皆さんもご存知でしょう。

「風のように速く攻め、林のように落ち着いて行動し、攻撃するときは火のように熾烈《しれつ》に戦い、一度守りに入ったら山のように動かない」という意味ですが、「孫の二乗の兵法」ではそ

の先に第五の段階「海」をつけ加えています。

つまり、他社と戦い抜いて勝利し、確固たる地位を築けば、あとは競争のゆるやかな市場で悠々とビジネスを継続できるということです。

携帯電話のキャリアも、現在はドコモ、ａｕ、ソフトバンクの三社がすでに市場を固めています。楽天が「第四のキャリア」として参入する予定ですが、おそらく後発として苦戦を強いられることになるでしょう。

二〇一三年にソフトバンクは通信事業会社イー・アクセスを買収しました。イー・アクセスの傘下にあったイー・モバイルというブランドが、その後「ワイモバイル」となってソフトバンクの事業の中核を担っていることはご存知の通りです。

実は当時、イー・アクセスには楽天からも買収の提案があったことが報じられています。もしあの時点で楽天がモバイル事業に参入していたら、今ほど強固な三社体制が確立する前に戦いの土俵に上がることができたかもしれません。

しかし、すでにこの業界は「海」の状態です。いち早く携帯電話事業で勝ち名乗りを上げ、敵のいない静かな海を手に入れた孫社長は、すでにＩｏＴやロボットなどの領域に戦いの場を移しています。きっとこれからも、様々な領域で「戦わなくても勝てる」という圧倒的勝者の立場を手に入れていくだろうと思います。

おわりに――日本を「プロジェクト大国」にするために

今の日本企業では、プロマネは最も割に合わない仕事

この本で紹介した「プロマネ仕事術」を、私は顧問先の企業や講演などでよく話してきました。

すると決まって返ってくるのが、「うちには『プロマネをやりたい』と言う人間がいないんです」という言葉です。

しかし、そんなことはありません。

第1章でも述べた通り、日本のビジネスパーソンの能力や意欲が低いわけではなく、多くの日本企業において、プロマネの仕事があまりに割に合わない仕事になっていることが大きな理由です。

権限は与えられないのに、責任は負わされる――。そんな仕事をやりたがる人はいなくて当然です。

しかし、このままでは日本の会社や組織は成長できなくなります。

今、日本で求められているのは**「ファーストペンギン」**です。

ファーストペンギンとは、天敵がいるかもしれない危険な海へ真っ先に飛び込むペンギンのことです。

たとえリスクがあっても、海に入らなければエサである魚が獲れないのですから、群れの中で誰かが最初に飛び込まなくてはいけません。ここからビジネスの世界でも、リスクを恐れず、先陣を切って新たなチャレンジをする勇敢な人のことをファーストペンギンと呼ぶようになりました。

ただし、実際に何が起こるかといえば、ファーストペンギンはたいてい天敵のシャチに食べられてしまいます。ビジネスの現場に置き換えれば、新規事業を任された人が思い切ってチャレンジしても、たいていは失敗に終わるということです。

最も問題なのは、勇気あるファーストペンギンこそ大事にすべきなのに、多くの日本企業では、失敗が濃厚になると周囲の人たちがスーッと逃げていってしまうことです。

これでは、最初に海に飛び込んだ人が報われません。

逆に、幸運にもファーストペンギンが成功すると、勝ち馬に乗りたい人たちがわらわらと集まってきます。挙げ句の果てに、「実はあの事業は俺がアイデアを出したんだよ」などと手柄を横取りしようとする人まで出てくる始末です。

ちなみに私は新卒で入社した三菱地所で、当時閑散《かんさん》としていた丸の内をブランド化して蘇らせるための「丸の内活性化プロジェクト（丸の内カフェ）」を社長にプレゼンして実行したのですが、当時は「こんな軽いアイデアは、歴史ある不動産会社である我が社にはふさわしくない」と社内からの評判は散々でした。

ところがプロジェクトが成功すると、「丸の内活性化プロジェクト」は三菱地所の企業戦略そのものとなっていったのです。十年たって丸の内は二十一世紀のビジネス街として復活しました。そして、海外のＭＢＡの学生が視察にくるほどの成功プロジェクトとなったのです。最初にお世話になった三菱地所の役に立てたことを大変嬉しく思うとともに、それくらいプロマネは割に合わない役目だと、私自身も痛感しているということです。

日本企業の組織風土は簡単に変わらない。ではどうするか？

だからといって、このままでいいわけがありません。

誰もプロマネを引き受けず、新しい価値を生み出すプロジェクトを回していかなければ、多くの日本企業、ひいては日本経済全体が沈んでいく一方です。

それを回避するには、ファーストペンギンが損をしない組織にしなくてはいけません。あるいは経営トップや役員が、みずからファーストペンギンになればいいのです。

ソフトバンクでは、いつも孫社長が言い出しっぺになってプロジェクトがスタートするので、プロマネだけがファーストペンギンの責任を負うことはありません。

その意味では、孫社長のようなトップのもとでプロマネをするのは実は非常にラクだといえます。

少なくとも、第2章で解説したように、プロジェクト・オーナーを明確に決めてチャーターを交わせば、「プロジェクトが失敗したら、オーナーであるあなたの責任です」という契約を結ぶことができます。プロマネの自分だけが泥をかぶって、オーナーだけがさっさと逃げ出すという事態も防げるのです。

ただし、日本の組織が変わるのは簡単ではありません。

特に昨今は、日本にも欧米式の成果主義が導入され、個人が単年度や半期ごとの短期業績で厳しく評価されるようになりました。

その結果、誰もが失敗を恐れて萎縮《いしゅく》するようになってしまいました。

かつての年功序列や終身雇用制といった日本的なシステムは批判の的になることも多いのですが（私自身も支持しているわけではありませんが）、今思えばリスク許容度を高めるというメリットがありました。

長年働いて経営層や管理職にたどり着いた人たちは、入社から何十年も積み上げてきた社内的な信頼があります。たとえ一度や二度失敗しても、長年の評価がすぐに崩壊するわけではないという自信もあります。だから部下に対しても、「何かあったら俺が責任をとるから、君たちは思いっきり挑戦してみろ」と言える余裕があったのです。

ところが今は、部下が四半期の売上目標を達成できなかっただけで、「上司の自分も評価が下がってしまう。下手をすると降格かもしれない」などと怯《おび》えなくてはいけません。

こんな状態では、個人としてもチームとしても、思い切って新しいチャレンジをするのは難しいでしょう。

組織が簡単に変わらないなら、どうすればいいのか。

このまま自分の会社が衰退していくのを指をくわえて見ているしかないのか。それとも、組織の外へ出て起業や独立をするしかないのか。

いいえ、どちらでもない第三の道があります。

それが、「プロマネが個人としてのリスクを最小化しながら、新しいことに小さくトライする」という方法です。

個人としてのリスクを最小限に抑えつつ、小さくトライする

この第三の道を選択するには、準備が必要です。

それは、プロマネが自分自身のリスクをできるだけ抑えるために、会社以外からのキャッシュフローを増やすことです。

副業が認められるなら兼業してもいいですし、投資を始めてもいいでしょう。

英語学習や資格試験などでスキルを磨き、自分の市場価値を高めて、「いざとなったらいつでも他の会社に転職できる」という状態を作っておく手もあります。

あるいは、今より少ない収入で幸せに生きていける手段を考えるのも悪くありません。

東京ではお金がなければ豊かな生活はできませんが、田舎へ移住すれば住宅費などのコストが低く、子育ての環境も都会よりずっと恵まれています。もともと地方出身の人が実家に帰れ

ば、昔馴染みの友達もいるので、慣れ親しんだコミュニティの中で楽しく暮らしていくことができるでしょう。

いずれにせよ、**「今の会社で失敗したら、もう後がない」という状況から脱する**ことを、ぜひ考えてほしいと思います。

こうして個人のリスクを最小化すると同時に、今いる会社で小さくトライしてみることが大事です。

知恵を絞《しぼ》れば、自分の権限の中でできるチャレンジはいくらでも見つかります。上に掛け合っていきなり大きな予算をつけてもらうと、かえってリスクを負うことになるので、まずは大きな投資をしないでできることを見つけてください。

その方法は、本書の中でもいろいろと紹介してきました。

事業プランを作成する前にお客さんに話を聞きにいき、ファーストクライアントとなる相手を先に見つけてから、小さくトライして結果を出す――。これなら予算も権限もいらないので、プロマネの立場でも可能です。

「可能性があることは、できるだけたくさんやってみる」というソフトバンク流目標達成プロセスもぜひ実行してみてください。

「そんなにたくさんアイデアが思いつかない」というなら、**「アイデア掛け算」**がおすすめです。

これは、アイデアのもとになりそうなキーワードを紙に書いてシャッフルし、適当に組み合わせる発想法です。

孫社長が発明した携帯型自動翻訳機も、「持ち運び可」「自動化」「翻訳」といった既存のキーワードを組み合わせて生まれたものです。

一つひとつのアイデアはすでにあるものでも、二つや三つを組み合わせれば、新しいアイデアとして使うことができます。

「これはうまくいくかも」と少しでも感じるアイデアがあったら、とにかく実行に移すこと。

これが非常に大切です。

「そんな小規模の新規事業をやっても意味がない」と言われたら？

「リスクを最小化して小さく始めなさい」と言うと、「うちのような大企業で、そんな小さな新規事業をやっても意味がない」と考える人がいます。

実際に大企業では、新規事業を提案したものの、「一〇〇〇億円以上を狙える事業しかやらない」などの理由で跳《は》ね返されたという話をよく聞きます。

そのくせ上層部は、「リスクはとりたくない（だから初期投資は最小限に抑えろ）」などと言うのですから、論理が破綻《はたん》しています。

もちろんリスクを最小化する努力は必要ですが、リスクをとらなければリターンを得ることもありません。「リスクはとらないが、リターンは欲しい」というムシのいい話が実現することは決してないのです。

話を戻すと、一定規模以上の新規事業しか認めてくれない会社で小さくトライするのは簡単ではないかもしれませんが、これも知恵を絞れば突破口はあります。

例えば、「最初に試す事業プランの規模は小さいが、これが成功すれば、その実績をもとにさらに大規模な事業プランにつなげることができる」という提案ができれば、どうでしょうか。

私はこれを**「わらしべ戦略」**と名付けています。

孫社長はまさにこの戦略で、ゼロからスタートして十兆円企業を作り上げました。

ＡＤＳＬ事業に参入して五〇〇万人の加入者を獲得し、通信事業者としての実績を交渉材料にして日本テレコムを買収。電話事業のノウハウや優秀な人材、固定電話会社が持つ信頼や安心といったブランドを手に入れ、今度はその実績を材料に金融機関から巨額の資金を調達し、ボーダフォンの買収に成功。念願だった携帯電話事業に参入を果たしました。

これは通信事業者として何の実績や信頼もなかった頃のソフトバンクなら、とても達成できなかったであろう大きな成功です。

こうして小さなトライから始めても、ホップ・ステップ・ジャンプで何倍、何十倍もの大規模事業につなげていく戦略もあることを知っておきましょう（「わらしべ戦略」については、拙著『孫正義社長に学んだ「10倍速」目標達成術』で詳しく紹介していますので、興味を持たれた方はぜひお読みください）。

日本は、新規事業や起業を実は成功させやすい国

ここまで、プロマネにとっていかに日本の組織や環境が厳しいものであるか、という話ばかりになってしまいました。

そこで最後に、ビジネスパーソンの皆さんが元気の出る話で締めくくることにしましょう。

もしかしたら皆さんは、「米国のシリコンバレーのような起業が盛んなところに飛び出していかなければ、将来性のある新規事業など生み出せない」と思っているかもしれません。

しかし実際は、米国で成功できるビジネスはほんの一握りです。

起業を志す人が世界中から集まり、まさに世界トップレベルの競争が繰り広げられているからこそ、そこで生き残るのはすさまじく難しいのです。

野球の世界でも、大リーグが世界最高峰です。日本で活躍した選手が大リーグに移籍しても、日本でプレーしていた時ほどの成績を残せないことが多いのを見ても、競争のレベルに歴然の差があるとわかります。

一方、大リーグで活躍した選手なら、日本だろうと台湾だろうと、どの国の野球リーグに行ってもある程度はまず間違いなく活躍できるでしょう。

これをビジネスに置き換えれば、「米国で成功しているビジネスモデルを日本で展開すれば、必ず勝てる」ということです。孫社長だって、米国で大成功したヤフーやｉＰｈｏｎｅなどを日本市場に持ち込んで大きな成功を収めています。米国の成功モデルをうまく流用すれば、高い確率で儲かる新しいビジネスを立ち上げられるのです。

しかも日本では、新規事業を立ち上げたり起業を志したりする人が多くないので、「ビジネスモデルを真似されてお客を奪われてしまう」という心配をする必要もあまりありません。あとは本書で紹介したプロマネ仕事術を使って、プロジェクトを回していけば、目指すゴールを達成できます。

こうして見ると、実は「日本市場は新規事業プロジェクトやベンチャー起業で成功しやすい国」と言えるのではないでしょうか。

日本の将来については悲観的なニュースや分析が目立ちますが、視点や発想を変えれば、日々の仕事にポジティブに取り組むことが可能です。

そして、働く人たちが前を向いて進んでいくためにも、プロマネ仕事術がきっと役に立てると信じています。

本書を読んだビジネスパーソンが一人でも多くプロマネとして活躍し、日々取り組んでいるプロジェクト的な仕事をより効率的かつ創造的に進めてもらえたらと願ってやみません。

二〇一八年七月

三木雄信

〈著者略歴〉

三木雄信（みき・たけのぶ）

1972年、福岡県生まれ。東京大学経済学部経営学科卒。三菱地所㈱を経てソフトバンク㈱に入社。27歳で同社社長室長に就任。孫正義氏のもとで「ナスダック・ジャパン市場開設」「日本債券信用銀行（現・あおぞら銀行）買収案件」「Yahoo! BB 事業」などにプロジェクト・マネジャーとして関わる。

2006年にジャパン・フラッグシップ・プロジェクト㈱を設立し、同社代表取締役社長に就任。同年、子会社のトライオン㈱を設立し、2013年に英会話スクール事業に進出。2015年には英語学習1年完全サポートプログラム『TORAIZ』（トライズ）を開始し、日本の英語教育を抜本的に変えていくことを目指している。

また自社経営のかたわら、東証一部上場企業、マザーズ公開企業をはじめ複数の取締役・監査役を兼任。その一方で、厚生労働省年金記録問題諮問委員など、公職も多数経験。

著書に、『世界のトップを10秒で納得させる資料の法則』（東洋経済新報社）、『孫社長のむちゃぶりをすべて解決してきた すごいＰＤＣＡ』（ダイヤモンド社）、『孫社長のＹＥＳを10秒で連発した 瞬速プレゼン』（すばる舎）、『すごい「数値化」仕事術』（PHP研究所）、『［新書版］海外経験ゼロでも仕事が忙しくても「英語は１年」でマスターできる』『【新書版】A4一枚勉強法』（ともにPHPビジネス新書）ほか多数。

【講演などのお問い合わせ先】
トライオン株式会社
tryon.info@tryon.co.jp
http://www.tryon.co.jp/

編集協力：塚田有香
装丁デザイン：西垂水敦（krran）
図版作成：桜井勝志

孫社長の締め切りをすべて守った
最速！「プロマネ」仕事術

2018年9月4日　第1版第1刷発行

著　　者　三　木　雄　信
発 行 者　後　藤　淳　一
発 行 所　株式会社ＰＨＰ研究所
東京本部　〒135-8137　江東区豊洲5-6-52
第二制作部ビジネス課　☎03-3520-9619（編集）
普及部　☎03-3520-9630（販売）
京都本部　〒601-8411　京都市南区西九条北ノ内町11
PHP INTERFACE　https://www.php.co.jp/

制作協力
組　　版　株式会社PHPエディターズ・グループ
印 刷 所　図書印刷株式会社
製 本 所　東京美術紙工協業組合

　ISBN978-4-569-84118-2